第二章　困難を抱えた私たちが自立するまで

第三章　福祉の世界で働くあなたへ

第一章

社会には「かっこいい福祉」が必要だ

行政はJKビジネスのスカウトに負けている

村木厚子

「かっこいい福祉」という難しいお題をいただきました。福祉のプロでもきっと難しいこの問に、私は即答をすることはできません。そこで、まず、私が「福祉」にどんなふうに出会ったか、そして、「福祉」について何を学んできたかを、その時々の視点、すなわち、政策をつくる行政官、サービスを受ける利用者、NPOで活動する者という視点で書いてみたいと思います。

一九七八年、私は当時の労働省に入省しました。「障がい者」との仕事上の出会いは九七年、障害者雇用対策課長に任命されたときです。恥ずかしい話ですが、このとき私は、こんなことを言ったら差別になるのではないか、こんなことを言ったら気分を悪くされるのではないかと、様々な心配が頭をよぎり、甲羅の中で手足を縮めている亀になったような気分でした。そんなとき、私を救ってくれたのはある社長の「僕たち、社長の仕事というのは、社員のいいところを見つけて、そこを最大限に発揮してもらって、会社に貢献してもらうことなんだ。その意味では、障がいのあるないは全く関係ない。みんな社員という意味では同じなんだ」という言葉でした。そうか、「働く人」という意味では、自分がそれまでやってきた労働政策と何の違いもないんだ、そう思ったとたんに甲羅からすっと手足が出せた気がしました。

障がいのある人が働く現場をたくさん見て、どんどん障がい者に対するイメージが変わりました。中でも、忘れられない光景があります。品質のよさに定評があり、高級外車の部品を作って輸出している中小企業を見学しました。たくさんの機械の前に作業服を着た社員が一人ずつ座り、作業をしています。案内をしてくれた社長が、「作業をしている姿を見て、どの人が障がいのある人で、どの人がない人かわかりますか」と聞きます。全く見分けはつきません。どんどん、奥に進んでいくと、不思議な光景に出会いました。工場の一番奥の部屋、コンクリートの打ちっぱなしの床の上に畳三畳分ぐらいの小上がりのような場所があり、そのうえで、ランニングシャツを着た若い男性が胡坐を組んで、笊《ざる》を抱えてその中に入っている豆を剝いています。びっくりしている私に、社長は笑いながら「これが今年の新入社員です。この子がやがて、さっきのような社員になります」と教えてくれました。知的な障がいのある人が「ゆっくり成長する人」であることを実感しました。

知的障がいの人たちの就労支援の優れた指導者である關宏之《せきひろゆき》先生は、重度の知的障がいの人たちには、「福祉」という言葉を「にっこり」という意味だと説明すると教えてくれました。社員のプライドに満ちた「にっこり」を長い時間をかけて実現するという意味では、この社長のやっていることは福祉そのものなのかもしれません。

その四年後、私は、省庁統合で厚生労働省が発足したおかげで、障がい者福祉を担当することになりました。まず驚いたのは、福祉施設に、私が企業で見た働く障がい者よりもずっと障がいの軽い人たちがたくさんいたことです。なぜ「可能性」を活かされない人がいるのか、なぜ、福祉の業界の人たちはこういう状況を疑問に感じないのか。私の素朴な疑問に、ある人が「この分野は、フタコブラクダ。素晴らしい福祉サービスを提供できているグループと、それなりのものしか提供できていないグループに分かれるんだ」と教えてくれました。それを聞いたときはがっかりしましたが、やがて、その素晴らしい「コブ」の人たちとたくさん出会い、エネルギーや知恵をもらって仕事をすることが本当に楽しくなりました。そしてこの「コブ」をモデルに全体のレベルアップができるのではないかと思えるようになりました。

この当時、障がい者福祉サービスの保障のための基本となる障害者自立支援法の制定に携わりました。何よりも大きな課題は財源確保です。安定的で、恒常的な予算の確保のために一割の利用者負担を盛り込んだことから、法案は大きな反対にあいます。その顚末を紹介する紙幅はありませんが、この時、多くの障がい当事者、障がい者団体の人たちと議論を重ねたことは私にとっても役所にとっても大きな財産になりました。また、どんなに重要な政策でも、財政の裏打ちがなければ絵に描いた餅、その財政面の手当てのためには、理論はもとより、国民からの「共感」や「納得」も必要だと学びました。

こうして少しは「福祉」を勉強したつもりになっていた私に、全く違う角度から新しい視点を与えてくれたのが郵便不正事件です。この事件で私は逮捕され、大阪拘置所に一六四日勾留されました。そこで、大きな二つの発見がありました。

一つは、「人は、ある日突然、支えてもらわなければならなくなる時がある」ということです。それまで、無意識のうちに、私は自立して生活しているし、公務員という仕事をして人を支えていると思っていたのが、ある日突然、家にも戻れなくなり、すべてを弁護士さんや、家族、友人、同僚に頼って裁判を戦うことになります。この時、大阪在住の今中さんたちに、私も家族もどれだけ助けられたことでしょう。世の中に「支える人」と「支えられる人」の二種類の人間がいるわけではない。誰もが、ある日突然支えが必要になる、そんな当たり前のことを、私は事件で初めて体感することができました。

もう一つの発見は、入所施設と入所者、支援を提供する人と受ける人との関係です。拘置所では刑務官が入所者の世話をしてくれます。皆さん親切ですし、食事は栄養バランスが取れていて、生活も規則正しいものです。おかげで私の肌はどんどん美しくなりました。しかし、集団生活のためのルールがたくさんあり、不合理に思えるものもあります。そんな中で、私は日々親切に接してくれる職員さんを困らせたくない、関係を悪くしたくないと思って、いろんな疑問や要望を言わずに飲み込んでいくようになりました。一種の「あきらめ」です。「あきらめ」という状況を生み出しやすいのが施設であり、福祉サービスだと気づかされました。

この経験を経て、福祉は互いに「支え、支えられる」という考え方がベースになければならないし、それがあれば「共感」と「納得」も生まれる、そして「あきらめている」状況を見逃さない、そういう感性とスキルが必要なのだと知りました。

職場復帰のあと、内閣府の政策統括官として、障害者基本法の改正に携わりました。この法改正は、「当事者参加」の下で行われ、議論に参加した当事者の人たちが、基本法の第一条の目的規定はもとより、この基本法のありとあらゆる条文に出てくる「障害者の福祉の増進」という文言を一切削除したいと主張しました。「福祉の増進はもちろん重要だが、あまりにそれが強調されると、『障がい者は福祉の助けを受けて生きていく人』というイメージだけが強くなり、『障がい者もこの社会を共に支える仲間だ』ということが忘れられてしまう」というのです。この「社会を共に支える仲間」という言葉が本当に胸にすとんと落ちました。この結果、基本法の目的規定は「障害の有無によって分け隔てられることなく、相互に人格と個性を尊重し合いながら共生する社会を実現する」と改正され、はるかに優れた理念を持つ法律へと生まれ変わりました。

「福祉」は、福祉の受け手を「弱者」のポジションに追いやってしまうリスクを持っている。これは「かっこいい福祉」の対極にあるものでしょう。当事者の参加があったからこそ、それに気づき、思い切った理念の転換ができた。当事者の参画の重要性を実感しました。

多くの方に助けられ、三七年半務めた役所を四年前に退職しました。民間人として始めた活動のひとつに「若草プロジェクト」があります。貧困、虐待、DV、いじめ、性的搾取、薬物依存、育児ノイローゼなど、さまざまな社会問題に翻弄されながら、SOSを発することができないまま苦しんでいる少女・若年女性の支援を行う団体です。豊かな日本の中で、少女たちの「生きにくさ」はなかなか見えてきません。しかし、大阪拘置所で若い女性たちが薬物や売春の罪で服役している状況を目にしました。そして、彼女たちの多くが、性暴力の被害者であったり、厳しい家庭事情の中で追い詰められていたことを知りました。家や学校に居場所を失って、家出をしたり、夜の街を徘徊したり、そんなときに手を差し伸べていれば彼女たちは刑務所には来なかった。何とかしようと仲間が集まって活動を開始しました。

「つなぐ」(生きづらさを抱えた少女たちと支援者をつなぐ。また、支援者同士や、支援の現場と企業をつなぐ)、「ひろめる」(少女たちの現状に関する社会全体の認識を高める)、「まなぶ」(少女たちに接する機会のある人が、その実状や対応の仕方を学ぶ)を三本柱に様々な活動を展開しています。同様の活動をしている他のさまざまな支援団体の支援も大事な活動目標です。

この活動を通じて、若い世代の支援団体のリーダーたちから大切なことを教えてもらいました。女子高生サポートセンター「Colabo」代表の仁藤夢乃《にとうゆめの》さんには、日本の公的福祉はすべてＪＫビジネスのスカウトのお兄さんに負けていると言われました。机の前で待っているのではなく、夜渋谷の街に出て、一人ひとりに「今日泊まるところある？」「ごはん食べた？」と声をかけ、すぐさま温かい食事と寝るところを提供してくれる。「管轄じゃないから」なんて言わないし「お家に帰りなさい」とも言わない。仕事も紹介してくれて、「君みたいな子がうちに来てくれてよかった、頑張ってるねえ」と自尊心まで回復させてくれるというのです。

また、NPO法人「BONDプロジェクト」代表の橘じゅんさんも、少女たちにとって「立派な大人」は敷居が高い。彼女たちの「戸惑い」と「葛藤」を知る信頼できる大人になってほしいと教えてくれました。

この分野の若い支援者やシェルター、施設の努力を見ると、JKビジネスに負けないためには覚悟がいると思います。そして、行政の機能には限界があります。だからこそ、官も民もみんなで協力していければと思います。

こんなふうに、私は長い時間をかけ、いろいろな人に導かれながら、「福祉」を学んできました。公務員時代は「行政として何ができるか」を考えてきましたが、今は「みんなで何ができるか」を考えています。「かっこいい福祉」もみんなで考えたい。この本の今中さんとの対談はその一歩になると思っています。

若草プロジェクトについて

事業ミッション

貧困、虐待、ネグレクト、DV、いじめ、性的搾取、薬物依存、育児ノイローゼなど、さまざまな社会問題に翻弄され、SOSを発することができないまま苦しんでいる少女・若年女性（以下「少女たち」という）の支援を行う。

活動の柱

1)「つなぐ」: 生きづらさを抱えた少女たちと支援者をつなぐ、また、支援者同士をつなぐ。さらに、企業や社会と支援の現場をつなぐ

2)「ひろめる」: 社会全体の認知度を高め、また、少女たちに、相談できる場所があることを知ってもらう

3)「まなぶ」: 少女たちに接する機会のある人が、その実状を学び、「信頼される大人」になる

4) 関係省庁や地方自治体への提言

一般社団法人「若草プロジェクト」は、瀬戸内寂聴、村木厚子を代表呼びかけ人として、2016年に発足。代表理事は、少年事件を多く手掛けてきた弁護士、大谷恭子が務める。このため、司法ソーシャルワークに関心を持つ若手弁護士が多く参加しているほか、生活困窮者支援、DV支援、障がい者支援など様々な分野での経験を持つ多様なメンバーで構成されている。
具体的には、LINE相談や、「居場所」となる若草ハウスの運営、シンポジウムや研修会の開催、支援マニュアルの発行などを行っている。また、このような少女たちの支援を自ら行うほか、婦人保護施設や子どもシェルター、自立援助ホームなど全国で活動する各種の支援団体と緩やかなネットワークを形成し、こうした団体の活動を応援できる「応援団の応援団」を目指している。その一環として、少女たちの抱える問題に理解の深い民間企業と支援の現場を結び、企業からの支援を現場に届ける活動を開始している。また、今後、少女たちに対する医療面での支援を行うため「若草プロジェクトメディカルサポート基金」を創設したところであり、今後この活動を本格化させていくこととしている。

福祉をめぐるふたつのバリア

今中博之

「この塀が曲者なんだ。最初は憎む。それから慣れる。時間がたつと頼りにしちまう。それが施設慣れさ」。映画『ショーシャンクの空に』でモーガン・フリーマン扮する囚人が刑務所を取り囲む塀についてこうつぶやきます。

塀を社会福祉的にいえば「バリア」です。バリア（障壁）を壊すことを「バリア・フリー」といい、自らを守るためのバリア（防壁）を「セーフティ・ネット（社会保障）」、臨床心理学でいえば「防衛機制」といえるかもしれません。障壁となるバリアは、慣れて頼りにする前に壊さなければなりません。一方で、自らを守るバリアを築くには、ブロックを積み上げる必要があります。本書『かっこいい福祉』では、村木さんと壊すべきバリア（障がい者の差別や貧困など）と自らを守ってくれるバリア（天分や仕事など）について話しました。

現在、日本人の約一七人に一人に障がいがあり、発達障がいや難病を入れると一〇人に一人、障がい当事者やその家族を含めると五人に一人になるといわれています。わが国の障がい者は、特別な存在ではありません。しかし、彼らはカテゴライズされ、スティグマ（負の烙印）を負わされることが多いのです。力のある者はない者を階層化し、カテゴライズして名付けを行う。それが最大の壊すべきバリア（障壁）です。ただ、最初は憎んでいても、知らずしらずのうちに、慣らされて歯向かう気持ちがおこらなくなる。自立なんて無理だと思ってしまう。相当、やっかいな曲者です。

どんなに重度の障がい者であっても、地域で主体的に生きる、自己実現をはかることこそが、本当の自立です。

では、障がい者が主体的に生きるにはどうすればよいのでしょうか。それは「市場」とつながることです。市場には数多くの選択肢があります。重度の障がい者は家族介護だけでは地域で一人暮らしすることは難しい場合が多い。しかし、ヘルパー派遣事業所とつながれば外出や家事、身の回りのことがしやすくなります。そして、ヘルパー事業所も地域差はあれど、複数の中から選ぶことができます。これはヘルパー派遣という市場で、障がい者と事業所が公正に取引していることを示しています。

狭くて逃げ場所のないコミュニティは差別がはびこりがち。しかし、選択肢の多い市場では「差別をしない取引」が可能です。つまり、市場の中には社会的に弱い人だから差別をするという行動規範は薄い。ゆえに、しがらみも少ない。だからこそ、市場は、国を超えて人と人をつなげていくのです。

私が運営する「社会福祉法人 素王会《そおうかい》」の「アトリエ インカーブ（以下：インカーブ）」では、国内外のアート市場にアクセスしてバリア（障壁）を壊していくことを試みています。インカーブは、二〇〇二年九月に社会福祉法人として正式認可され、二〇〇三年四月より運営をスタートさせました。現在は、障害者総合支援法に基づく生活介護事業所として運営。知的に障がいのある一九～六四歳までの二五名の方が所属し、彼ら／彼女らは利用者ではなく「アーティスト」と呼ばれています。

法人理事長でクリエイティブディレクターを務める私は、先天的に身体障がい

（一〇〇万人に一人が罹患する難病）があり、長距離の移動には車椅子が手離せません。デザイナーとして大手デザイン会社で博覧会やショウルームの企画・デザインを二〇年近く行い、社会福祉業界に入りました。二〇代は芸術系大学でデザイン学の学士を得て、四〇代は宗教系大学で仏教学の学士を、五〇代は社会福祉学の修士を得ました。初めから三つの学びが必要だと思っていたわけではないのですが、デザイナーとして生業を得て生活をするうちに、そもそも働くこと、生きていくことに迷いが生じてきて仏教に助けを求めました。そして社会福祉の仕事と学びを通して、デザイナーの本来の仕事は恵まれた人ではなく生活に困りごとをもっている人を対象とするべきだと考えるようになったのです。デザインと仏教と社会福祉がクロスするところ――それはソーシャルデザインであり、その実践がインカーブの活動です。

インカーブの大きな特徴は二つあります。まず一つ目は、先述したようにいわゆる利用者をアーティストに位置づけ、彼らの作品を国内外のアートマーケットという市場につなげていること。二つ目は、社会福祉とアートの両輪を走らせ、それを架橋させるためにインカーブのスタッフは、社会福祉士と学芸員の両方の資格を基本スペックとして備えていることです。

私は、社会福祉学者の一番《いちばん》ヶ《が》瀬《せ》康《やす》子《こ》氏がいう「福祉の文化化と文化の福祉化」を実践する母体としてインカーブを位置づけています。彼女はそれを「福祉文化」という概念で表現しました。生活の質が問われて久しい昨今、「社会福祉の究極の目的が、自己実現への援助であり、その在り方を追求していくことであるという視点にたつならば、文化をふくみ得ない社会福祉はあり得ないといっても過言ではない」と主張します。私も同感です。ただ、文化の「市場性」については、これまであまり議論が進んでこなかった。今後の課題は、市場性を意識した福祉文化をつくっていくことです。

インカーブのアーティストは、自らの障がいを声高に主張し、それを作品に込めることはありません。だから私たちも「この作品は、障がい者が描いたものです」と主張することも、原義を曲解した和製アール・ブリュット、和製アウトサイダー・アートと表現することもしません。

私たちは、彼らの作品を「現代に生きるアーティストがつくるアート＝現代アート」という捉え方をして、普遍性・汎用性を担保しています。現在、インカーブのアーティストの作品は、アートマーケットや個人コレクターに数百万円で取引されるケースもあります。

壊さなければならないバリアをあげれば切りがありません。しかし、ハンマーで叩き続けても完全なフラットにはなりません。身もふたもない話ですが、そもそも私はバリアが完全になくなるとは思っていません。どこかでバリアがなくなりかければ、また違ったバリアが成長している。

バリアを壊すことが不可能なら打つ手はないのでしょうか？　いえいえ、まだ手はあります。自らを守るもう一つのバリア（防壁）を持つことです。そのバリアは、国が主導してつくるセーフティ・ネットではなく、「個の防壁」。自らを守るバリアを個々が持つイメージです。難民を拒絶するような大きな壁ではありません。腰の高さぐらいで、立ち上がれば向こうが見えますが、屈むと隠れることができる。そんな塩梅のいい高さの防壁です。

私の周りには、個の防壁を自ら築いて暮らしている方がたくさんいます。それはインカーブのアーティストたちです。彼らは、うわべだけのつながりを信用しません。ゆっくりゆっくり時間をかけて手の内を明かしてくれます。欲の深い人間は嫌いです。思いやりのない人間を見分けるのは得意です。

もう、何年も前のことです。雨の日に「うっとうしい天気やね」としゃべっていたら、アーティストが突然、「カエルさんが喜ぶね」と言ったのです。別の雨の日には、「お野菜さんが喜ぶね」と言ったこともあります。私は彼の「反転する力」に降参しました。彼はスタッフに迎合することも、おべんちゃらを言って機嫌をとることもありません。朝になったらインカーブに来て、淡々と作品を描き、昼ごはんを食べ、夕方に「また、あした」と言って帰っていきます。ただ、それだけの毎日です。彼は、自ら積み上げたバリアのなかで、分断されない時間を持ち、反転する力を育んだのではないか。彼の言葉は、うわべの感覚を刺激するわけでも、他人とのコミュニケーションを急がせるわけでもありません。

これまで、私は、障壁となるバリアを壊すことに躍起になってきました。でも、そばにいるアーティストは、ブロックを積み上げ、自らを守るバリアを築いていたのです。彼らのバリアは、常識や教育の毒が入らないように抑えてくれます。一方で、私たちが通過してきた学校教育は、主への従順さと服従を植え付けるための装置でした。個性の剝奪ともいえる。

スペインの思想家オルテガは、自分の存在を意味づける共同体を失くした人間を「平均人」と呼びました。平均人とは「個性を失って群衆化した人間」という意味です。オルテガは、「カエルさんが喜ぶね」と言った彼のことを「自分の共同体を持ち、自らの役割を認識して、その役割を遂行する人」と称賛するかもしれません。ここでいう共同体とはインカーブで、彼の役割とは絵を描くことです。

平均人の凡庸な精神は、違和感のある才能を「平等」の名の下で抑圧し、個性を奪いとっていきます。熱心な平均人は、彼らを「エンパワー」したいと言い出します。平均人のなけなしのパワーを彼らにゆずり渡して、平均人は生きていけるのか？という疑問がわきます。私たちは常識と教育の毒に侵された平均人です。彼らをエンパワーするという思い上がりはいただけません。

消えることのないバリアを壊し続けるには「強さ」が要ります。一方で、「カエルさんが喜ぶね」という彼を思いやるには、それに気づく感度が要ります。感度が高い人は、すぐにもらい泣きしたり、うじうじ考え込んだりする「弱さ」を「強さ」と同じぐらい持っています。弱さに耐えられる人はタフな人なのです。

バリアを壊しつつ、バリアの存在を思いやり、尊重する。決して簡単ではありません。だからこそ、そういう強さと弱さに身を任せる人が「かっこいい人」であり、社会福祉のプロなのだと思います。

アトリエ インカーブについて

フィロソフィ

普通なしあわせ

事業ミッション

アーティストのはたらき方の多様性と生活基盤、プライドの構築

事業コンセプト

1) 安全で心穏やかに創作活動に打ち込める環境づくり
2) 現代アートとしての正当な評価
3) 現代アート市場、企業CSRの開拓
4) 厚生労働省、文部科学省、地方自治体への提言

社会福祉法人素王会《そおうかい》のアートスタジオとして2002年に設立。18歳以上の、知的に障がいのある現代アーティストたちの創作活動の環境を整え、彼らが作家として独立することを支援している。現在25名が所属。2005年、ニューヨークで開催されたアートフェアに出品以降、海外・国内の美術館やギャラリーで展覧会が企画・開催されている。2010年にアトリエ インカーブのアーティスト専門の「ギャラリー インカーブ｜京都」を開廊。国内のみならず、ニューヨークやシンガポールなど海外の現代アートフェアに積極的に出展している。また、出版事業部の「ビブリオ インカーブ」では、障がい福祉の概念を広げるような書籍やアーティストの画集、DVDを企画発行。作品をもとにオリジナルグッズの制作・販売も行う。

事業経歴

2002年9月	社会福祉法人 素王会が厚生労働省より法人認可
2003年4月	アトリエ インカーブが開所
2005年1月	ニューヨークのギャラリーと契約
2008年1月	サントリーミュージアム［天保山］にて国内初となる「現代美術の超新星たち アトリエ インカーブ展」開催。以降、高梁市成羽美術館（2009）、浜松市美術館（2010）、オペラシティ アートギャラリー（2012）等で展覧会開催
2010年6月	ギャラリー インカーブ｜京都オープン
2013年3月	「アートフェア東京」にギャラリー インカーブ｜京都が初出展、以降毎年出展
2015年2月	文化庁「優れた現代美術の海外発信促進事業」受託（2014年度）
2015年3月	アートフェア「SCOPE NEW YORK」にギャラリー インカーブ｜京都が出展
2015年4月	文化庁「戦略的芸術文化創造推進事業」受託（2015・2016年度）
2015年7月	皇太子殿下（現在の天皇陛下）行啓
2016年1月	アートフェア「art stage singapore」にギャラリー インカーブ｜京都が出展
2017年3月	アートフェア「art on paper NY」にギャラリー インカーブ｜京都が出展
2017年9月	アトリエ インカーブ設立15周年記念シンポジウム開催
2018年6月	ロンドンのRoyal Academy of Arts Summer Exhibitionにアトリエ インカーブのアーティスト・新木友行さんが出品
2019年4月	文化庁「障害者等による文化芸術活動推進プロジェクト」受託（2019年度）
2019年7月	東京2020公式アートポスターのアーティストの一人として新木友行さんが選出

かっこいい福祉って……

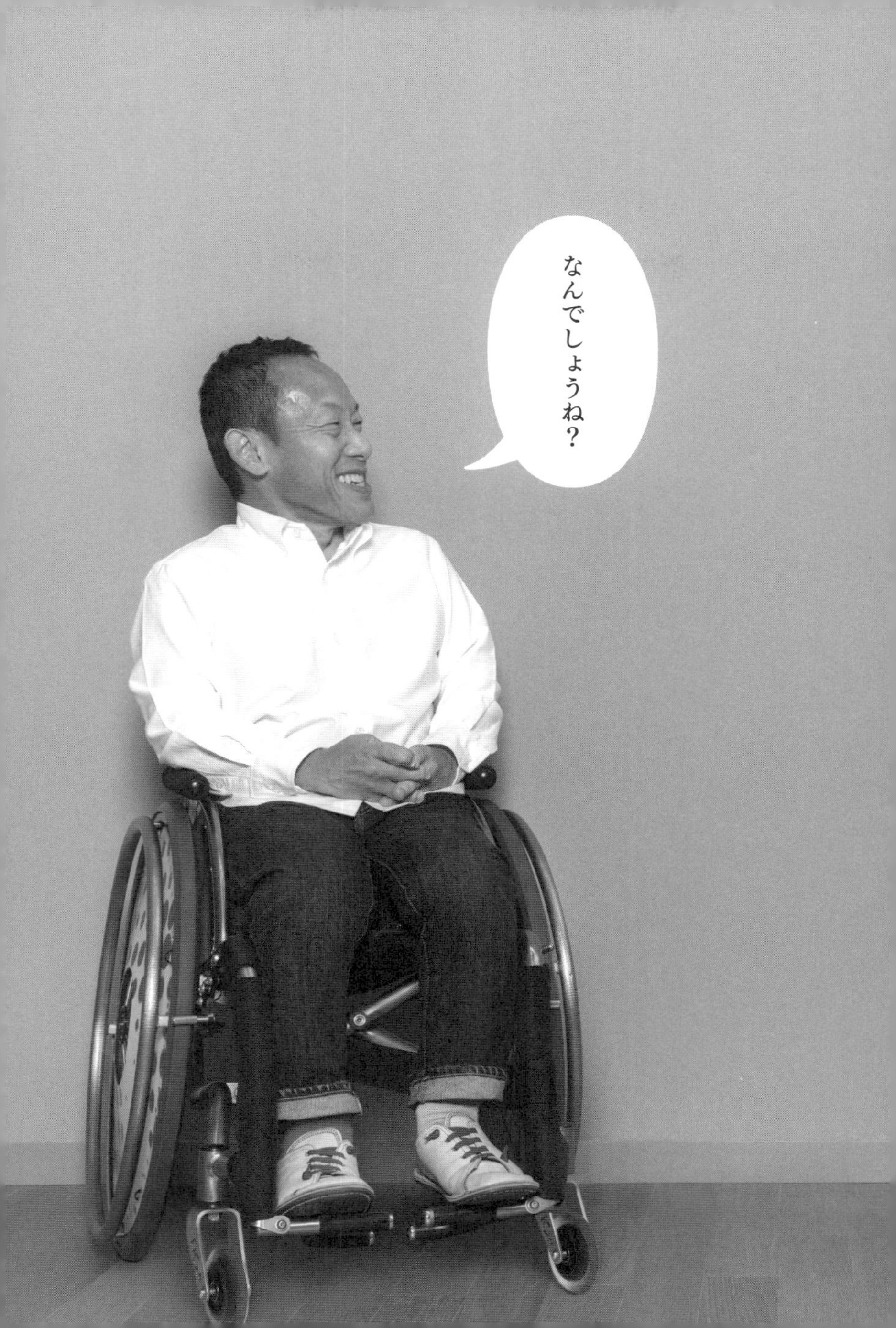
なんでしょうね?

制度のバリアフリー

福祉と民間をつなぐ言葉

今中——「アトリエ インカーブ」（以下、インカーブ）の立ち上げは二〇〇二年。社会福祉法人を設立し知的障がい者の方々を対象としたアートやデザインの事業を立ち上げるのは、そう簡単な話ではありませんでした。障がい者施設（以下、施設）では、知的障がい者の方々の社会参加、仕事といえば、公園の清掃などルーティンで、健常者の下支えをする作業が多い。でも、私たちはそうではなくて、障がい者の方々が主体で、彼らが描く作品を、私たちデザイナーが世界のマーケットに展開する事業をしていきたい。前例のないこのような取り組みを大阪市役所の窓口担当官に理解してもらうのに非常に時間がかかりました。

最初、彼らの作品を持っていくと、「これで事業が成立するんですか?」と言われました。「そもそも、デザインって何ですか?」と聞かれれば、私が仕事でデザインした作品集をお見せして、ひとつひとつ時間をかけて説明したんです。といっても当時はサラリーマンだったので、半休を使って役所に行っていましたが、そんなに有休があるわけじゃない。結局、法人認可が下りるのに二年近くかかりました。

制度上は、民間が参入できることになっていましたが、内容の理解とは別に、行政からすると「サラリーマンみたいな民間人に社会福祉の事業はできない」という思いも少なからずあったのだと思います。

村木――役所側の気持ちは確かにわかります。そのプロジェクトが失敗した場合のことを考えると、リスクを最小限にしたいですよね。福祉のことを何も知らない状態で、会社と同じルールだと思って入ってこられたら大変なトラブルになるだろうと心配したのでしょう。特に、企業はペイしない事業からは早く撤退しなければいけない。しかし、福祉はそんなに簡単に撤退されては困ります。

今中――担当官、特に窓口の方はご年配だったので福祉についての知識をたくさんお持ちでした。まずは彼と同等の言葉を持たないと相手にされないと思いました。はじめに頼ったのは近所の障がい者の作業所でした。見ず知らずのところでしたが、施設長の方に「窓口で担当官からこんなことを言われているがいま一つわからない」と相談すると、親身になって教えてくださいました。本来、外部には見せてはいけないような書類まで見せていただいたり。

その施設長は、旧来の社会福祉のシステムに閉塞感をお持ちでした。「自分にはできないけれど今中さんたちの情熱があれば可能だし、今までにないスタイルだからぜひやってほしい」と、応援してくださった。

現場の意見をお伺いしているうちに、担当官が言っていることも「それはこうではないですか」と対応できるようになりました。徐々に、こちらの本気度が伝わったのだと思います。

村木――普通の会社だと、起業したい人が会社をつくって競争の中で勝ち残っていけるかどうかですが、福祉は昔はそうじゃなかったんですよ。障がい者福祉はかつては「措置委託」という仕組みをとっていました。行政がどんなサービスをどこの事業所で受けるかを全て決めます。このため、行政の仕事を事業者にやってもらうのだから、「行政の仕事を代わりにできる人」だと信用できなければやらせないというのが当時でした。その後支援費制度ができて「利用契約」になったので、理論上はいろんな人に参入してもらってユーザー側が選ぶことになりました。ただ、現実には、まだまだ、いろいろなサービスが実際にあって「選べる」という状況にはなっていない。障がい者福祉ではユーザーの立場が弱いことに変わりないので、役所としてはどこかで規制したいという気持ちがあります。

今中――なるほど。村木さんはどう考えていましたか？

村木――個人的には、障がいを持つ方々がどういう仕事や活動ならできるかということを考えたときに、企業に勤める方もいれば施設に行く方もいて、その中にアートをやる方もいる。どうせ正解がないのなら、全部取り揃えておいて結果を出したところを選んでもいいのでは？と思います。ただ、伝統的な福祉の頭で考えると、それは乱暴な考え方ということになるでしょうね。

今中——それに、アートやデザインの価値を想定することが難しかったのでしょうね。私の担当官は、そもそも絵画作品が売買できるとは思っていない方。デザインの必要性もご存じではありませんでした。当初の私の説明では、障がい者の方がアートを通じて働くことや社会参加することが全くイメージできないようでした。話を重ねていくうちに、私が福祉側の言葉を使わないと応答してもらえないということがわかってきました。だから、アートやデザインの言葉を噛み砕いて福祉の言葉とセットにして届けていくことで徐々に理解が進みました。言葉のやり取りは面白いですね。こちらが正解だと思っていても、相手にとっては全然正解じゃない。

村木——すごくよくわかります。私の場合は労働省が厚生省と統合されて厚生労働省に変わったとき、言葉が通じない衝撃を味わいました。厚生側の人たちは、私が何をわからないのかが理解できない。私の質問の意味がわからないんです。労働省は普通に会社で働く人の世界が中心なので、世間一般の常識と同じですが、福祉は違いますよね。言葉ひとつとっても違って、たとえば「生保」と言われたときに一般の人がなにを思い浮かべるかというと、生命保険です。

今中――私は「生活保護」ですね。

村木――そう、福祉の世界で「生保」といえば生活保護なんです。公務員でも労働省だけで仕事をやっていると、生保は生命保険です。この質問への答えで、どちらの世界に住んでいるかがわかります。私は厚生側の課長をやったので、もはや生保といえば生活保護なのですが。

今中――社会福祉は、一般の労働に抗する論で立ち現れます。その原点は、貧困問題です。貧困問題は、労働から外れることで生まれるケースが多いので、どうしても対立するような場面があるんですね。

村木――とはいえ「企業は悪だ」と言われるとびっくりするじゃないですか。ただ利益追求をするというだけで「そんな鬼が住むようなところに障がい者を連れて行くなんて可哀想なことはできない」なんて言われると引いちゃうでしょう。私なんかは「世の中のほとんどの人が企業で働いているんだけれど、それがそんなに悪いところならこの世の中ってどうなっているの?」と反論するわけなんですが。

今中——社会福祉の歴史において、「共感する人」だけを巻き込んできた影響はいまだに大きいと思います。関わるのは障がい者のご家族や親戚、研究者、行政の方。そこで止まっているような気がするんです。共感する人だけで固まっていては、小さいグループのまま。それを広げていくような試みもあまりない。

大学教育を考えても、社会福祉学部といえば「入りやすい学部」と思われています。社会福祉は、誰にでもできる、誰がやっても同じというネガティブイメージがある。社会福祉学部と医学部とでは、専門性が求められるうえ社会的重要度は変わらないのに、世間の印象は雲泥の差。

共感する人たちだけに、共感してもらうための説法や抗弁を行っている限り、社会福祉の専門性や重要性は社会的な理解を得られません。産業界で底辺の就労であり、底辺の賃金であり、底辺の研究となってしまう。本来は経済学者や宗教学者など、ジャンルを問わず皆が接続できる領域なのに。社会福祉の「越境性」をもっと有効に使いたいですね。

村木――福祉にたずさわる人に「内弁慶」の人が多いと私も感じています。一方で、すばらしい福祉を展開している人は、必ずと言っていいほど福祉の外の世界の人と上手につながっている。いい福祉を展開するためにはそれが必要だということでしょうか。

今中――約三〇年前に一番ヶ瀬さんは、「福祉の文化化と文化の福祉化」を主張しました。福祉の質を高め普遍的な拡がりを持たせるために建築家やジャーナリスト、映画監督、レクリエーションワーカー、ビジネスマンその他のさまざまな人々を巻き込んでいったんです。それを「福祉文化」という概念で表現し、文化をふくみ得ない社会福祉はあり得ないと言いきった。そもそも社会福祉は一つの分野や領域で完結するものではなく、四方八方に触手を伸ばしつながり合うことで成立するものなんです。

でも、そのつなげ方に問題がある。社会福祉事業者は「福祉だからわかってください、協力してください、理解して当然」という一方的で強引なノリが多い。他の業界からは、善意を盾に意見の相違を押しきられることへの違和感や、その善意を拒否することへの後ろめたさを感じたりと距離を置かれてしまう。その分断を埋めるために、独善的にならない言葉を使っていく必要がある。社会福祉業界の課題ではないでしょうか。

村木――普通の人が自分たちと「地続き」の問題だと思える言葉が欲しいですね。

障がい者雇用の分断と嫉妬

今中――インカーブの立ち上げ直後は、役所以外からも風当たりは強くて、私が初めて登壇した講演会で忘れられない出来事があります。

会場は二〇〇名程度のお客様。講演途中で社会福祉事業を行っているという年配の女性から、「あなたたちは言葉を話せない知的障がい者を相手にしているからこんな好き勝手ができるんだ。そもそもこんなアートやデザインが仕事になるわけがない。悔しかったら（知的障がいがない）身体障がい者を相手にしてみろ」と発言されました。すると、周りからもどんどん手が挙がってきて、会場が騒然となってきました。
ショックでしたね。スタッフには、「今日の発言は絶対忘れないように」と伝えました。私たちは決して自分たちの好き勝手するためにインカーブを立ち上げたのではない。ならば、そう見られないような取り組みをやろう。一方で旧来の社会福祉事業者では、インカーブの価値観を共有するのは困難かもしれない。大きな壁をどのように切りくずしていくか。深く考える機会になりました。

村木――障がいに関しては、私も仕事をするときによく感じる壁があります。例えば今中さんたちが育てたアーティストや、パラリンピックに出るような素晴らしいスポーツ選手に対して、いわゆる一般の人から「どうして彼らまで競争の世界に巻き込まないといけないの？」という意見が出たりする。講演会の質問もそれと全く同じで、「知的障がい者だから好きなことをやらせてあげといたら」「幸せに暮らさせてあげといたら」という価値観にしょっちゅうぶつかります。

女性の就労問題にもその壁はあります。男女雇用機会均等法以降、女性も職域が広がったり、昇進できたりと活躍の場が少しずつできてきましたが、一方でそれに対して、女性同士の分断を生んでいるという批判も当初はありました。だからといって「女を昇進させるな」というのは違うでしょう、そういう人も出てきてそこから次にどのようなステップを踏むかでしょう、と。「みんなに競争しろと言っているわけではありませんが、女が競争に参加してはいけないというのも間違っていませんか？」というのは当たり前のこと。でも、そのことに不安や恐怖感を持つ人も多い。どこに行ってもぶつかる壁ですね。

正論と思われる意見が広がらない原因は「共感」を拡げることができていないから。「その先」を示せていないからかもしれません。それをどう突破したらいいいか、答えはまだ見つかっていません。

今中——それもこれも人間の持っている嫉妬が関わっていると思います。例えばあの人はキャリアウーマンなのに、私は非正規雇用だ。私はずっと家にこもって子育てしかできない、本当は外に出たいのに、と働いている人を羨む。嫉妬というのは平均化を望むことじゃないでしょうか。下の人を上に引っ張り上げるのではなく、上にいると感じる人を自分のところまで下げようとする。日本人らしい平等性。その感覚が根強く残っていると思いますね。

村木——自分たちと同じグループの中で活躍する人が出てしまうと、現状が変わっていないにもかかわらず、自分たちのステータスがみじめなものに感じられるのですね。でも、そういう人だって辛いところにいるわけだから、そう感じるなとは言えないし、「その考え方は間違っている」と綺麗事を言っても始まりません。その心情もわからないと次へは進めないので、どうすればいいかいつも悩みます。でも政策を立てる時は一旦それを横において前に進まなければならないと決断する時もあります。結局は突き抜けていく人が出ることで底が上がるので、それを信じてやるしかありません。

今中――「山高ければ裾広し」という言葉がありますが、イチローが大リーガーになり世界レベルの成績を挙げると、少年野球が活気を取り戻し、野球界の裾野が広がる。昨年（二〇一八年）はインカーブのアーティストで格闘技の絵を描いている新木《しんき》友行《ともゆき》さんがとてもブレイクしました。ロンドンのロイヤル・アカデミー・オブ・アーツという、日本でいえば江戸時代から続いている王立芸術院のコンペティションで選ばれて、作品が展示、販売されました。また「東京2020オリンピック・パラリンピック公式アートポスターのアーティスト」の一人に選ばれ、その歴史に残る作品を描くことになりました。まわりから彼に対して嫉妬があるかもしれないと思っていましたが、出る杭も出過ぎると打たれないんですね。手の届く頂なら羨ましいとか、引きずり降ろそうと思うでしょうが、彼には追いつけない。新木さんは「障がいのあるアーティスト」ではなく、「障がいという冠のないアーティスト」です。それを裏付けるだけの収入を得て、スタイリッシュになり、格闘技やファッションなど幅広い分野の友達がたくさんできている。男女、障がい、健常なんて関係なく、突き抜けたらここまで行くのだなと思います。日本に限らず世界には、新木さんの作品をコレクションするアートパトロンがいる。

彼の活躍は、多くの障がいのあるアーティストの目標になっていると思います。絵を描くことを余暇活動から解放し、プロになれる可能性を示した。またカテゴライズされた障がい者アートではなく、現代アートとして実績を残したことも大きな希望です。

障がいのある子どもたちやご家族に「アーティスト」という選択肢をリアルに見せることができました。

村木――最近自覚したのですが、嫉妬はやはり立場が近くてちょっと上の人にするものですね。「あまり自分と変わらないのにこんなに評価を受けて」とか、手が届きそうだからこそもやもやするのだと思います。私が人を評価する際にも、もしかしたらやや女性に厳しいかもしれないとか、あるいは同じ役所の中でも年齢の近い人に厳しくなってしまうことがある。つまりライバルだと思うと厳しくなるのですが、この人には絶対に敵わないという場合やすごく遠い存在だと、単純に尊敬したり、憧れたりできる。だからどーんと突き抜ける人が出るのはすごく大事だと思います。

今中――私の仕事は、新木さんのような才能のある人を輩出する環境づくりだけではなく「絵を描くことが好き」という人に思う存分、制作に打ち込める環境を整備することです。そのためには、スタッフの教育や働く環境を整備しないとダメ。アーティストとスタッフは二人三脚です。スタッフのクオリティが低いと、アーティストは輝きません。

新木さんと私が知り合ったのは彼が一六歳のころ。だから、彼の調子の浮き沈みはなんとなくわかるんです。苦しい時もあったけどそれを乗り越える姿も見てきました。身体の痛みが増せば、モチベーションが上がらず制作はできない。でも、人生はイーヴン。五分五分です。いい時があれば必ず悪い時がくる。その逆も。ここ二、三年は追い風が吹いて、どこまで高みに上るのかなと思うくらいです。その分、人に騙されないように、私たちが彼の露払いをしなければならない。そのためにスタッフは、社会福祉とアート、デザインを架橋する能力が必要です。社会福祉だけに精通していても難しい。アートやデザインのプロだからできるとは言えない。両輪が必要なんです。だから学ぶ分野は広くて、複雑です。でも、そこが最大の魅力なんです。

福祉の外からのアプローチ

村木――私は大阪市の担当官と同じように、福祉の世界や企業での障がい者雇用の世界をずっと見てきたわけですが、「障がいのある人にあえて苦労をさせることはない」という考え方には抵抗があったんです。みんな自分の食い扶持を稼ぐには汗かいて苦労しているんだよ、と。それと同じようにしろと言うわけではないですが、できることをやって自分で働くことは、障がいの有無を問わず大事なんじゃないの、とどこかで思っていた。そんなときに、今中さんはアートの仕事をすると言ってきたでしょ。そんな人は初めてでした。アートは通常では労働省ではなく文科省の担当だしね。

そこでまずどう考えたかというと、「世の中には、アーティストとしての才能があって絵を描いて暮らしていく人はいるよな」と。それなら、障がいのある人がアートを仕事として成立させていくことを手伝うという支援があってもいいはずだとごく単純に考えました。今中さんがおっしゃるように、障がいのある人がそういう活動をしようと思ったら、環境が適切かとか、絵の売買で騙されたりしないようにサポートはいるよなと思いました。

一方で、もともと、労働省は「勤労者」の支援をやっている役所なので、プロの音楽家とか、作家とか、画家とかを応援する政策は全くないわけです。福祉の分野でもインカーブのようなケースは本当に稀なので、本当にそんなことができるのか、そして、行政が何か手伝えるのか全く見当がつきませんでした。それでも今中さんがやると言っているからできると思うしかないなあと思ったのです。感覚的に間違っているものではないと思った。かなり無責任ですが、とりあえずやってもらおうというのが最初の思いでした。

今中──昨年、厚生労働省と文化庁が主催する「障害者文化芸術活動推進有識者会議」が開催され、私も出席しました。二〇名程度の有識者で、「障害者による文化芸術活動の推進に関する基本的な計画」づくりを行っています。その中で「人材育成」に関する意見が多くありました。全国的に、社会福祉もアートも支援側の人材育成システムが未整備です。

福祉職員の行っている現状のアート活動にも危機感を感じているし、成長も見込めないと思っている。アートとは名ばかりで文化の香りが薄いと。くわえて、私は、現在の美術館の学芸員で「障がい者アート」に精通している人は非常に限られていると思っています。その原因の一つは、そもそも障がい者アートは、美術史のメインストリームではない。だから、大学で研究対象として取り組む研究者が少ない。美術館は、集客が見込めないのでその手の展覧会の開催を渋る。開催機会の少ない「障がい者アート」を主要研究とする学芸員より、集客力のある近代西洋美術を研究する学芸員の方を採用したい。ゆえに、「障がい者アート」に精通した学芸員は非常に限られている。人材育成としては、負のスパイラルですね。

村木——今中さんが私のところに初めて訪ねて来てくださったときは、まだそのことが問題とすら考えられていなかったでしょう。

今中——私が村木さんに初めてお目にかかったのは一五年ほど前のこと。障がい者アートは、厚生労働省だけで考える問題ではなくて、文部科学省・文化庁と一緒に議論を進めていただきたいとお話しました。

今回の有識者会議で、一番興味深かったのは、美術館などの文化施設や芸術系大学側から、社会福祉業界とお互いに連携して活動すべきだという話が出たこと。研究として取り組む必要性を感じているようでした。当時から考えると、大きな前進です。

社会福祉分野だけでアートやデザインを語っても、限界がある。その専門職を巻き込んでいくべきなんです。ただ、その専門職というのがプロかセミプロかが問題ですね。あまりプロと呼べない人まで専門職として介入しているケースもある。

また、根っからの社会福祉分野の方々は、障がい者の文化芸術活動を

「アートのようなもの、周縁のアート」としてカテゴライズしがちです。ここ数年、原義を逸脱したアール・ブリュットという呼称を行政も社会福祉事業者も使うことが多々あります。アートの研究者や専門家からは、冷笑されることもしばしば。それもこれも福祉側の美術史に対する素養の無さだと思います。一方で、美術史を曲解してでも社会福祉に果実をもたらそうとする狡猾さとも言える。

厚生労働省と文部科学省は、「障害者文化芸術推進法」に基づく国の基本計画を公表（二〇一九年三月二九日）しました。障がい者を「新たな価値提案の主役」と位置づけて、地方公共団体はそれぞれの取り組みを計画にまとめなければならない。その実行部隊は施設のスタッフであり、美術館の学芸員です。社会福祉とアート、デザインを架橋できる人材がますます必要になってきます。

村木――障がい者福祉の、特に働く分野に関わっているところで、志のある人はやっぱりちゃんと「本物」を意識しています。例えばケーキやクッキーを作るなら、ちゃんとプロに習い、本当に商品として美味しいから売れるものを作ろうという動きは確かにある。でもアートは本当に特殊で、買う人の層も限られています。一般的な制度ではなかなか馴染まないところがあるので、人材育成も美術館や大学がもっと参加してやってくれるといいですね。

今中——二〇一五年から「東京オリンピック・パラリンピック競技大会組織委員会」の文化委員を仰せつかっています。オリンピック閉幕からパラリンピック開幕までの期間が二週間ほどあるので、そこで両大会をシームレス化する文化イベントを検討中です。このような取り組みによって、障がいのある方のアート活動をまず認知してもらう。さらにアートとしてある一定の冠をつける。それは障がい者が作ったという冠ではなく、アートという冠です。この文化イベントがキックオフとなって、パラスポーツと同じようにアートも盛り上がるのではないかと期待しています。

村木——アートはスポーツと同じ形で育ってきていると思います。どちらも本来は文科省が担当しているのですが、障がい者スポーツだけは厚労省。アートも、障がい者アートだけは厚労省が担当となっていたところ、やっぱり、レベルの高い世界は文科省の領域だよねという考え方にだんだんなってきました。

スポーツの方は、スポーツ庁ができるときに組織と仕事を移すことができたという事情もあります。一般的に楽しむスポーツや、障がい者の社会参加としてのスポーツは厚労省の担当。一方で高い山、即ち競技者とかプロとか言われる人たちの所管は文科省に移して、コーチをどうやって育成するかなど、今中さんがおっしゃったのと似たような話が進んできています。パラリンピックのおかげでスポーツの方は少しドライブがかかっているので、それとシンクロしてアートも動くといいなと思います。

「下から目線」からの脱却

今中――これは障がい者だけではなくて、在留外国人の方、非正規雇用の方にもいえますが、社会的弱者と言われるような方々は「下から目線」で話をしがちなのが気になるんです。下から目線というのはつまり、自分より立場の高い人を見上げること。デザインの世界から社会福祉業界に来た時、まず「見上げる言葉」に違和感を覚えました。

例えば、施設の職員は、障がい者の就労先を開拓するために「なんとかお願いします、彼を使ってやってやってください」と会社の方に頭を下げることが多い。お給料をもらう側だから下手に出る気持ちはわかりますが、その時点で対等ではないですよね。決して、福祉側が川下で労働側が川上ではない。でも、労働側に向かうときの言葉遣いがあまりにも謙遜しすぎ。もっと対等に話をしてもいいと思います。特に障がい者福祉のスタッフはへりくだり過ぎです。

支援者というのは障がいのある人の代弁者なので、一層言葉を持っていないといけない。社会福祉なんて他人事って思っている人にも接続可能な言葉を探る必要がある。相当、知力のいるお仕事なのですが。

村木——そこがまだ意識されていませんね。直感的にとか体験的にはわかっていても、それを言葉にすることに慣れていない業界だと思います。外の業界と戦うときや交渉するときは言葉が必要なので、それをもうちょっとトレーニングしないと対等に渡り合えない。

でも「下から目線」の気持ちはわかるところもあります。地元の高知に高知県立女子大学という学校があった（今は共学の大学になっている）のですが、看護学科があって、県内や近県中心に、優秀な女子学生がくるところでした。当時、四年制の看護大学はそんなに多くなかったとはいえ、その田舎の小さな大学から日本看護協会会長となる人が複数出ている。しかも大物会長がそこから出ている。地元の知人に「なぜこんな田舎の公立大学から看護協会会長がしょっちゅう出るの？」と聞いたら、「あの大学には医学部がないから」と言うんです。要するに、大学に看護学科があるところはたいてい医学部もあって、最初からお医者さんが上で看護師が下、という風に洗脳されてしまうというのですね。

その点、高知女子大学は医学部がないので、自分たちが何をするか、何ができるか、看護を起点として自由に、積極的に考えることができていた。だからきちんと物が言えて、その分野をリードすることができたそうです。結局、「下から目線」というのは環境によって作られているのですね。人の育て方の中で、もっと医療と対等にやりあえるとか、企業と対等にやりあえる人材を作っていくことができるのだろうと思います。

今中――そういう意味で教育環境はとても重要だと思います。三年前から、インカーブの近くの小学校に新木さんが特別授業の先生として呼ばれるようになりました。その授業の評判がとても良くて、テレビにも取り上げられたりしています。授業は五年生一二〇～一三〇名が対象で、体育館にみんな集まって、一つのモチーフを大画面に写して、それを新木さんが描く。子どもたちも同じモチーフを描く。制作時間は一五分です。子どもたちはりんごをりんごとして描くことを教育されて五年間を過ごしましたが、新木さんはりんごをりんごと描かないアーティストです。みんなのりんごを一通り見て、最後に新木さんの作品が映しだされると、子どもたちは驚愕します。

「これが絵画なの？」という疑問と質問。最終的には「もっと早く新木さんのことを知りたかった」と、子どもたちが大絶賛する。絵画というのはこんなに自由なのか、こんなに楽しいのか。美術の授業では描き方を指導され、りんごはりんごでないと点数が良くない。そんな息苦しさが嫌で仕方なかったけれど新木さんの作品を見てそれが覆された、と。彼の作品は、海外で一〇〇万円を超える値段で売れている、と言うと美術の教員も驚きます。

私自身、美術の時間に言われた通りに描かされるのは苦手でしたが、五年生の時に新木さんに会えて、作品を鑑賞するチャンスがあったら絵描きを目指していたかもしれません。新木さんの授業を受けた子どもは、横並びではなく逸脱する魅力を感じたはずです。彼らの中から、人に流されずに自分の意見が言えて、周りをリードできる人が育つのではないでしょうか。

村木――人が成長するきっかけの一つは教えることですから、新木さんご本人にとってもいい機会ですよね。

ＮＨＫで、世界の一流の指導者を呼んできて日本の普通の学校やクラブで一週間ほど教える番組があるんです。スポーツが一番多いのですが、その中にアートの回がありました。イタリア人のアーティストが来て子どもに絵を教えるのですが、まずは一本の筆を使って一つの色で一本の線を引くと、実に多様な線が引ける、一人一人描いたものが違うねということを子どもたちに確認させます。その授業の最後に野原で摘んできた雑草をテーブルにおいてしばらく観察する。その後、長い巻紙を机に広げて、緑色の絵の具だけで「自分が選んだ草をここに描いてくれ」と子どもたちに言います。本物を見ながら子どもたちがそれぞれ一本の雑草を描くと、全体が本当に綺麗な本物の草原の絵になっていたんですよ。雑草といってもいろいろなものがある。その塊が野原じゃないですか。まさに、それが描かれていた。そこに先生と一緒にひとつかふたつ花を描いて、ちょっとだけ虫が飛んでいる。心が躍りました。

途中で親御さんを教育するシーンがあるのですが、子どもには「自由にさせる」「解き放ってあげる」こと、と言うんです。子どもたちの縛られていたものが、見事に全部溶けて行くのが面白くて面白くて。

今中——インカーブのアーティストも最初はそうなんです。一部の支援学校では普通学校と同じように「こう描きましょう」というルールがあるようです。彼らは一八歳で支援学校を卒業して、その後は、健常者の下支えをする仕事があてがわれるケースが多い。一般社会のルールを厳格に教え込まなければ、会社ではうまく馴染めないし、働けないという考え方が根強くあるように思います。絵画の指導も同じです。

さらに彼らはあまり反抗しないので、このような指導や管理がやりやすいという面もあると思います。インカーブに来た当初は、支援学校で教えられた描き方に凝り固まっているアーティストもいます。インカーブでは、「こう描きましょう」というルールはありません。教えるということはあえてしていないので、自分の作品が描けるまで一年、二年かかるアーティストもいます。

村木——「教えない」という教えなのですね。

今中——でも、最初から自分の好きなものを表現できる人はほとんどいません。そういう人は天才型で、技術は横に置いておいても、もともとの能力が高いのです。

よくあるのは「何を描いたらいいか、次は何をしたらいいか教えてください」とスタッフがお願いされるパターン。「お好きにどうぞ」と返しても「何か言ってください」と言われます。私たちが一番苦労するのは、一度染まった教育の毒や垢を落とすこと。そのために時間を使うし、スタッフ間でミーティングもたくさんする。次はどういう言い方を「せずに」おこうかと考えます。なにかを「する」なんて簡単で、絵画やデザインの技法を教えるのは私たちにとってはたやすいこと。いかにティーチングをせずに彼ら自身の表現にたどり着くかは、とても難しく時間のかかることです。

彼らを指導し、管理下に置くと私たちの下支えの仕事しかできなくなってしまう。上からの圧力に順応しやすい教育がなされてきたのだから当然のことです。でも、彼らは突き抜けた能力を発揮できる可能性が、私たちよりもきっと高い。もちろん、全員にあるとは言いませんが。

スタッフは「褒めない」努力をする

今中――ティーチングしないとなると、じゃあどうするのと聞かれるのですが、つまるところ「環境の整備」です。はじめは戸惑っていても、インカーブでまわりのアーティストが制作をしている様子を見て、ああいうやり方がある、こういうやり方があるということを自分から学んでいく。教え育てる、では彼らの能力は開花しない。ティーチングされない方は孤独だし、とても辛いことだと思います。でも、それを通過しなかったらあれだけの作品は生まれませんし、あの自由な空間は維持できません。ルールをひとつ作ってしまうと、全部それに縛られる。「親の言うことは聞く」「教員の言うことは絶対」、会社で働いたら「上司の言うことに歯向かわない」。そんな、意識が刷り込まれているように思います。だから、彼らはほとんど抗弁をたれない。悲しいことです。

その点、インカーブのアーティストはとても奔放です。「お茶がない」「明日までにこの画材を用意して」とか、好き放題（笑）。それがいい。

だから描けるんです。スタッフから指導されない、管理されない。その中で傑作が生まれるんです。

村木——普通は「なんでも好きにしていいよ、自分の好きにしなさい」と言われたら辛いですよね。

今中——私も一度「自由」に挑んだことがあります。でも、描けなかった。モチーフはこれで、制作時間は一時間などとルールがあるから描けますが、三六五日お好きにと言われたら……。描くか描かないかの判断は、すべて自分。結局、私はキャンバスにブルーを塗っただけでした。それに善し悪しをいう人もいない。

こんなことを毎日するのはとても難しいけれど、インカーブのアーティストは続けられる。スタッフが横について、「これを描いてね」とか「ちょっと線が歪んだよ」と言うことは一切ありません。それでも描けるのは、彼らの天性の力です。その凄みを認めたほうがいい。

そんな彼らが会社で働こうとすると、「なんでこんな簡単なことすらわからないの?」「いい加減、一度言ったことは覚えてよ」と、いろんなことでいちゃもんをつけられる。私からすると、いちゃもんの内容が些細過ぎる。彼らのクリエイティビティをもっと知ったほうがいいし、知ればお互いの人生が豊かになる。彼らの作品を見たときの「あ、参った」という感覚は清々しいものです。

村木――「参った」っていいですね。そうすると嫉妬もない。そんな作品を見たときも評価はしないのですか？

今中――「しない」ようにしています。モチベーションの上げかたは簡単で、普通の絵画やデザインの仕事と同じように「いいね、よくできた」と言えば済むんです。それは描き手にとっては当然気持ちいいことなんですが、言う前に少し考えないといけない。その言葉が彼の中で定着するかもしれないということ。「この人はお世辞で言っているだけ」とか、細かいニュアンスを推し量る力は、少し緩やかかもしれない。もっと言うと、弱いかもしれない。だから、「これいいね」「いい作品ができたね」と言うと、そのような作品ばかりを描く人になる可能性がある。

村木――毎回褒められたい、もう一度喜んでもらいたい、と思ってしまうんですね。

今中――インカーブが始まってすぐ、うかつにもスタッフが褒めてしまった絵と同じような絵を一六年間描いているアーティストがいます。以前、描いていた奔放さが消えてしまった。そういうことがあるので、褒めることも貶すこともなく、中庸に。それは難しい。でも、できるだけ淡々と普通に接するのがスタッフの力だと思っています。褒めるなんて簡単なことです。私たちは、自分の気持ちの浮き沈みをなんとなく調整していけますが、彼らは、まわりの感想がダイレクトに入ってしまう。社会福祉や教育分野ではよく「褒めて人を育てる」と言いますが、私たちは展覧会に出品したからと言って、作品が購入されたからと言って褒めない。ご家族にも、「次も選ばれるとは決まっていない」と話します。少し冷静になってもらうためにも、そんなに喜ぶことではないですよ、と。

福祉業界のお金アレルギー

村木——プロのスポーツ選手なんかは、その時その時の評価が全部数字となって世間に晒されますが、ああいう仕事は自分は絶対に無理だと思います。役所の場合は、どれだけきつい仕事であっても上司が上手になだめてくれる。これはうまくいかなかったけれど、こういうふうに努力したし、今回は外の環境も悪かったからと、慰めがいっぱいあるじゃないですか。けれどアートの世界もスポーツ同様、市場の評価はシビアですよね。その人や作品に対してお金で評価がくるという世界に、ナイーブなところがある障がい者の人が立ち向かうわけでしょう。どうやってサポートするのですか。

今中——例えば作品が販売されたとき、そのことを伝える時期は相当悩みます。入金されたから伝えるという単純なものではない。アーティストそれぞれの一年間のリズムがあって、季節の変わり目に体調が悪い方もいます。私たちだけで判断せずに、ご家族と慎重に考えていく必要があります。

サポートというのは、とどのつまり、その人から離れないことだと思います。極端な話、死ぬまで一緒にいる。気持ちに波風が立っても、それも我々が受けていく。この活動によって精神を病んでしまったとしても、私たちは一緒にいる、というのがいまのところの回答でしょうか。民間のギャラリストとは、その点が大きな違いです。もう同じ船に乗った限りは降ろすこともないし、私たちも降りない。そういう覚悟を持っていないと、アーティストのザワザワした感覚に寄り添っていくのは難しいです。

村木——インカーブに行った時にすごく感じたのは、その時その時の支援をしているのではなく、すごく長いスパンでその人をずっと見て、育てるという発想があるんだなということ。そこが福祉たる所以なんですかね。

今中——そうだと思いますね。放課後等デイサービス（以下、放デイ）をしている友人がいます。放デイは、小学生や中学生、高校生が対象です。対象年齢が低いこともあって、お稽古ごと感覚になりがち。また、ご家族は子どもの可能性を追い求め、いろいろな種類の放デイにアプローチする。

一ヶ所の放デイだけを利用する子どもは限られています。一方、インカーブは一八歳以上が対象で、生活の場であり働く場なので、毎日おなじ顔が集まってきます。これはとても大きな違いです。我々は毎日密着して、アーティストの精神状態はもちろんのこと、お父さんが病気だったり、お母さんが旅行で家にいないというようなことも含めて細かく聞き取るわけです。週一のお稽古事はそこまで入り込めないので、インカーブのようなアーティストが生まれる可能性は低いでしょう。インカーブは、長くみっちりやる活動だからこそ成り立っている面があって、短期間での成果を求められると厳しい。

例えば、昨年のアートフェア東京に参加したアーティストの一人は、一五年かかって初めて出品できました。数年では成果が出なくても、一五年目で光がさした。インカーブの活動は、平たくいうと職人の世界です。効率を優先する一般就労とは違います。

村木――いろんな生き方やいろんな特技があっていいと思うし、普通の育成のシステムにうまく乗れないとしたら、福祉がうまくお手伝いに入れることなかなかないですね。

今中――社会福祉業界の同年代や若い人たちと話していても、そういうものを必要としていないのではないかと残念に思います。例えば、お菓子を作っている施設はたくさんありますが、プロレベルで挑んでいくぞというところは稀です。アート活動についてもルーティンの作業の合間の息抜きとして取り組んでいるところがほとんどではないでしょうか。例えば、最近は海外のギャラリストが彼らの作品に注目し、自身のギャラリーで販売するために日本の施設に買い付けに来ることが増えています。そんな時も、施設側が作品を安いバザー価格で引き渡してしまう。多くの施設は海外からの圧力に対して議論や交渉ができる知識を持とうとあまり思っていないのが不思議でなりません。スタッフは法人からお給料をもらっているが、生活介護の事業所に通っている利用者はもらってないケースがほとんど。就労系の事業所でもお給料は安価です。アーティストの魂が入った作品を「喜んでくれるなら、どうぞ。お持ち帰りください」というのはおかしい。施設のスタッフがどうぞと言えば、ご家族も「はいどうぞ」となってしまう。

それについて、スタッフに問いただすと、「アーティストは、お金を要求していらっしゃらないから」と答えます。はたして、そうだろうか。確かに言葉が出づらいから、その判断は難しいけれど、スタッフが代弁者としてもっと深掘りするべきです。スタッフもご家族も一〇〇円なら「どうぞ」で、一万円なら「そんなにいりません」となってしまう。でも、一万円は大きな金額です。入ればもう少し暮らしが楽になるかもしれないのに。社会福祉の方はお金をもらうことに強い罪悪感を持っている。

村木――福祉の人からすると、お金は悪いもので汚いもの、企業は利益を追求する鬼が住む悪いところ。「彼らの純粋な心をお金に変えるなんて」という感覚がまだまだある。市場で暮らしたことのない人が多いので、理屈というより、直感的にそう思っているきらいがありますね。

今中――それは大きいと思います。社会福祉業界へ入る前に、スタッフは一般就労したほうがいい。企業で三年ぐらい汗水流してみて、「鬼が住む悪いところ」から社会福祉を見るべきではないでしょうか。そうしないと物事が立体的に捉えにくい。自分とは異なる別の場所で得た解釈が大切だと思います。鬼の解釈に納得できなくても、理解ができたら社会福祉の常識を破るフックになるかもしれない。そんな遠回りをしてほしいと思います。

村木――閉じた業界ということでは公務員も一緒で、公務員はお金を使う人であって稼いでないでしょう。一生のうち、稼いでくる方を三年くらいやった方がいいなと思います。民間企業は金儲けばかりという部分は確かにあるにせよ、そこから税金が回っている以上、公務員もやはり民間企業を経験した方がいい。私も今頃になって初めて民間企業の社外役員などをやらせていただいて、いかに企業が事業の継続・発展のため、利益を生み出すために厳しい競争の中で努力をしているかが実感としてわかりました。福祉だって、一度も民間企業を経験したことがない職員ばかりだと、企業は怖いところだという思い込みが解消されず、一般就労が進みにくい。企業の側にも「福祉は効率性という発想がなく生産性が低い。税金の無駄遣いではないか」という気持ちがある。

でも、障がいのある人が市場に自分の作品を出すとか、一般就労をするといったことを支援するためにも、やはりそちらの世界を多少は知らないといけません。福祉の人が内弁慶なのはなぜでしょうか?

今中——理由のひとつは、競争をしなくてもお金（運営費）が国から入ってくるからではないでしょうか。例えば、インカーブはアートやデザイン活動をしてもしなくても、国から入るお金は一緒です。内弁慶でいてもさほど問題ない。だから、施設の運営側もスタッフも学びの時間を取ろうとしないし、他分野の意見を積極的に採用するモチベーションも上がらない。スキルの高い人を雇用するには、一定の予算がいるのも事実です。評価システムを作り「アート・デザイン活動」と「クオリティの高い障がい者福祉」を両輪で行っている施設には予算付けをしていく必要がありますね。お金の分配の仕方や査定の方法は難しいけれど、事業の評価基準を作らないと頑張っている施設が報われない。いくら作品を作っても、施設の中に閉じこもっているだけなら前向きなエネルギーは出てきません。インカーブでは「閉じながら開く」という言葉を使っていますが、基本はリラックスした日常を担保するために、外部のザワザワを遮断し「閉じる」必要があります。一方で閉じてばかりいると不健全になってしまうので、発表や発信して「ときどき開く」必要もある。九割閉じて一割開くというのが私の理想です。

「選ばれる」施設とは？

村木――「就労移行支援」という国の障がい福祉サービスがあります。学校を出てすぐに就職できなくても二~三年そこでトレーニングしてから企業等への就職を目指すものです。その制度を作ったら、何年経っても一人も就職させせないところが平気で出てきてしまった。それに対して役所は、ずっと誰も送り出せないところはこの事業はやめてもらいましょう、報酬を減らしましょう、一方で、きちんと就職させたらそのアフターケアも事業として認めましょう、と少しずつ制度を変えているのですが、やってもやらなくても一緒という状況だとそれに甘えてどっぷり浸かってしまうところはどうしても出てくる。福祉サービスの担い手がどんどん参入してサービスが豊富にあって、その中からユーザーが選んでいく、ダメなところは淘汰されるという形には現実問題、なかなかならないですね。そもそも、国のお金をもらってやっている事業なのでとにかくどの事業も「一定水準を満たしている」ということがまず求められる。評価もそこが主体になる。その上でさらにサービスの水準や特徴あるサービスをどう評価するのかとか、一、二、三と順位をつけるとか、星をつけるといったことまでやるのかという点は非常に悩ましい。少なくとも、もう少し情報開示は必要だと思います。

今中——施設の中にいるスタッフが意識を変えていかなければいけませんが、現状維持でも食べていけるとなると、向上心は芽生えない。

村木——そうなりがちですよね。そこが常に競争の中にいる民間企業と違って難しいところです。

今中――インカーブに来られるご家族からよく言われるのは、「いいところもないし、悪いところもない特徴のない施設ばかり。金太郎飴のようにどこを切っても一緒」ということ。とはいえ、うちはアートやデザインしかできない場所なので、「制作が嫌になったら他に何もすることがない。とてもつまらない場所になってしまう」と最初にお話しします。そういう意味ではインカーブは、オールマイティではありません。グループホームがついているわけでもない。終の住処でもない。それでもいいですかとお尋ねして、ご理解してくださった方々が集まってきています。

本来は、インカーブのそばに住むところがあるのが理想です。それが何故できないのか。それは、私が「住まう」ということをハンドリングできないからです。その能力に欠けています。くわえて、住むところをサポートするスタッフを集めてこなかった。週に二日夜勤をして、次の日にはアトリエに行く。はたして今と同じようにアーティストと接することができるのか。短期間の対応ならいざ知らず、一〇年、二〇年と続けていけるのか。ある分野の能力は高いが、別の分野の能力がない。インカーブはそんな歪な場所でもあるんです。

村木――私は分業でいいと思っています。利用者の全部を満たしてあげようと思うとやはり平均的な施設にしかならないので、住むところをサポートする人、就労をサポートする人、老後をサポートする人という風に分ければいい。歴史的に見ても、障がい者は家で閉じ込められて暮らしていたという時代から、入所施設に入って一生ここでユートピアを作るんだという時代になった。そこから地域に出て行き普通に暮らすということを目指すようになった。それでも、親の気持ちとしては、一生居られる場所を見つけたい。自分が死んだあともなんとかしてくれるところを探している。「親がいなくなっても一生見てあげるよ」という、どちらかというと保護型の、アートができなくてもいいけど幸せに平穏に一生暮らしていける施設を見つけたらもう安心という気持ちになるのは理解できる。

これは日本の福祉の限界で、それ以上のところは望めないと思われているのです。だけど若かったらもうちょっと別の道とか、今は体調がいいからもっと普通に近い暮らしをできるとしたら、チャンスは広がるはずなんですよね。だから今中さんのところがとんがった施設であるというのは本当は良いことで、全てに対してオールマイティになる必要はないと思います。特定のことを得意な施設がある一方で、うちには必ず二四時間スタッフがいるよ、緊急なことがあったらどうぞ、と構えてくれる施設があってもいいわけですよね。

今中——アートやデザインの専門性の高い施設は、大阪や東京といった都市部では成立するかもしれませんが、地方では難しいかもしれない。大阪では近隣にグループホームやデイサービスがあるので、都市型の連携が可能です。でも、地方はそもそも施設自体が少ない。さらに一つの法人で高齢者や児童、障がい者の事業を引き受けなければならない。よって管理するスタッフは多くなり、意思統一もままならない状況に追い込まれがち。施設の特徴を前面に出していくのは非常に難しいように思います。

村木——地方ではその地域の大きい法人がすべて引き受けて、グループホームも展開するし、デイサービスも展開していくということにならざるを得ない。その場合専門性の高いことは、大学や企業と連携していくなんていうことになると面白い展開があるかもしれませんね。
　そのためには、外とうまくコミュニケーションをとって連携できるスタッフが必要です。内弁慶のスタッフばかりではダメ。本当にいいサービスができている福祉の事業所には、商工会や地域の商店街と仲良しだったり、外とつながる術を持っているスタッフが多いですよね。みんなでなくてもいいけれど、そういう人がいてくれるといい施設になりますね。

今中――そういう方がいると風通しがいいですね。外の応援がちゃんと入ってきて。すべてを抱え込みすぎるとすべては平均点になってしまう。「施設は金太郎飴でも仕方がない」という時代は終わりました。

成功しすぎた反薬物キャンペーン

村木――私が取り組んでいる若草プロジェクトの代表呼びかけ人のお一人は瀬戸

内寂聴さんです。京都に庵をお持ちなのですが、そこをもうちょっと社会貢献のために使えないかなということで、少年事件をずっと手がけてきた大谷恭子弁護士に声をかけたのがきっかけ。

私は私で拘置所にいるときに、若くて可愛い女の子が刑務作業をやっていることが気にかかっていたんです。灰色の上下の作業服を着て職員さんの指導もものすごく素直に聞いていて、なんでこんな子が刑務所にいるのかと不思議でしょうがなくって。検事に「あの子たちは何をしたの?」と聞くと、「薬物か売春」と言われました。近年日本で刑務所に入る男性は減っているのですが、女性は減っていない。女性の犯罪で圧倒的に多いのが薬物と窃盗なんですが、こういう人たちの多くは暴力の被害者。家庭内の虐待であったり、レイプ・性暴力の被害者であったり、厳しい環境の中で、逃げ込む先が薬というパターン。あるいは若い女が一人で稼げるのが風俗ということもあり、このような状況になっているのがわかってきました。

今中——決して本人だけの問題ではないということですね。

村木――私も子どものころ、家出したいと思いつめていた時期があります。五〇年前のことですが、当時考えついた行き先はやはりホステスだった。今の子は、携帯電話さえあればそれが実現できてしまうじゃないですか。そうでなくても渋谷か秋葉原に行けば、メイドカフェで働きませんか？と声をかけられる。だから子どもが悪くなったとか倫理観が薄れたというよりは、社会の落とし穴とか崖がすごく増えていって、深くなっているのだと思います。国があれだけ女性活躍と言っているにもかかわらず、彼女たちは自分のせいではないのに、そのスタートラインにも立てていない。非常に辛い環境に置かれている子がたくさんいて、そこをちゃんとフォローできるようになりたいな、と思いますね。

最後は政策が肝心だと思いますが、行政が悪いと言っているだけでは物事は進まないので、自分たちが先に動き出しながら、行政を引っ張って行くということかな。そういう意味では、今中さんがやってこられたことと似ているかもしれないですね。

今中――私の周りにも薬物依存症の方がいます。背景には友人からの暴力や、無理やり薬を打たれた、栄養剤と言われて打たれたら薬だったというケースもあるようです。
サバイバーの友人は、薬物依存から回復するためにはまず現実を肯定し、自分の無力感をいかに認めるかが重要だと言います。その後、解放されるか、もっと落ちて行くかに分かれていく。彼は「自分には力がない」と認めた上で薬物依存症支援の仕事をしています。同じような経験を持つ人と「あるある話」をすることで気持ちが解放されていく、と言います。

村木――そこで一旦気持ちが落ち着くんですね。

今中――冷静になってからは、すぐに未来には向かわず、過去のトラウマと向き合っていくそうです。現在を受け入れ、暴力を受けたそのときに返る。現在からは未来が見られないから、まず過去の問題を整理しなければいけない。私たちは簡単に「忘れたらいいのでは」と思ってしまうけれど、過去を忘れられないのがトラウマであり、ＰＴＳＤです。この悪魔と対決して勝たないと未来はない。けれど、ほとんど勝てません、とも言います。ではどうなるのかと聞くと、「死」を選ぶことが多いそうです。

そもそも同じ境遇で現在を確認して、あるある話をできる人も限られているし、過去と向き合える人はエリート中のエリート。サバイバーの彼の先輩や後輩は、年に二人から三人ほど死を選ぶと言います。解決のハードルがとても高い問題です。そもそもの薬を使わなくてもいい環境を作らないといけない。

村木――日本は薬物を抑え込むのにかなり成功していて、「薬ダメ絶対」とか、「薬やめますか、人間やめますか」というキャンペーンが有名になりすぎたので、薬物に手を出してしまった人に救いがない状態になっています。病院で治療を受けるのも難しいし、学校を退学させられてしまうようなケースも多い。もともと環境に問題があってそこから逃げるために薬を使った人を、守るのではなく孤立させる方向へ行ってしまう。

熊谷晋一郎さんという東大の小児科の先生がいます。ご自身も障がいのある方なのですが、彼が当事者研究の話をしてくれたことがあります。さっき今中さんがおっしゃったように、自分の過去に向き合うのはすごく難しくて、過去に向き合うと反芻して自分をもう一度傷つけるという体験をする、でも過去に向き合わない限りは先に進めない。どうすればその先に進めるのかというと、少し斜めから客観的に、ほんの少しいわば好奇心を持って「自分の過去を眺める」という視点が持てるようになることだ、と。また、治療に関わる人たちが薬物使用をした人を軽蔑して、上から目線になってしまうことがあるけれど、この偏見が消えるだけでも治療効果が上がるそうです。彼に教えてもらったのですが、「自立というのは依存しないということではなくて、たくさんのものに少しずつ依存できるようになること」だといいます。それができない人が薬物に依存している。誰もが依存することは必要なのだけど、いい環境にいれば、自然とたくさんのものに少しずつ依存できて、それによって自立した状態になれるという話なのです。薬物の問題は若草プロジェクトともすごく関わりが深いことなので、日本の考え方や対応の仕方を変えていければなと思っています。

ドライな支援とサードプレイス

今中――支援されるときにしがらみがあると、特に若い人たちの拒否感は強くなると思います。一つ一つのしがらみを足していったらとても重いものになる。それが嫌なのでそもそも人に頼りたくない。だから、「薬を使って今とは次元の違うところにトリップしたい」「数時間でもいいから何もかも忘れたい」と言います。そして、目が覚めれば元どおりだから、また飲む。その繰り返しだと。

できるだけしがらみのない、ある意味淡白な支援があれば、一人で薬に依存することも少なくなるように思います。支援する人はそもそも優しい人が多いので、「してあげよう」という思いが前に出てくる。それが受け手からすると重い。でも、してもらっている立場でそんなことは言えないですよね。しがらみの感情が薄く、嫌なら別の支援者を選べばいい。でも、アディクション（依存症）に苦しんでいる人を支援する人は少ない。特に女性の支援者は限りなく少ない。

村木――すごく好きな本に、岡檀《おかまゆみ》さんの『生き心地の良い町 この自殺率の低さには理由がある』があります。日本で一番自殺率が低い町には、どういう習慣や考え方があるかを分析した本です。そこは徳島の材木を切り出す林業の町で、大阪から材木を買い付けに来る運送や商売の人が入ってきて、古いものと新しいものが入り混じっている。古い世界で序列やラベルが決まっている世界ではなく、このことを任せるのに誰が一番いいかとか、いろんな人がいていいよねという感覚が町全体にある。人間は聖人君子ではなくて、それぞれみんな色々なものを抱えている、その「業」や「性」を踏まえてルールを作る。関心は持つが監視はしないというような生活の知恵があって、適度な風通しの良さとある種の合理性、でも完全な無関心ではないという心地よさがあると言います。

実はこの本に出会うまで、仕事では「地域の絆が大事」などと自分で言いながら、しがらみを嫌う自分の本音との間で、ずっともやもやした気持ちを抱えていました。この本を読んで、やっと、良い距離感こそが心地よいということがわかり、「地域づくり」に本気で取り組めるようになった気がします。

インカーブも、福祉としての濃密さがありながら、片側でマーケットの視点を入れていることで、同じようにうまいバランスが取れているのかもしれないと思いました。

今中――あまりべったりしないほうが、嫉妬にしても恨みにしても少なくなるような気がします。愚痴を言ったり、悪魔のような自分をさらけ出したりするのは家族だけでいいと思います。比叡山の酒井雄哉大阿闍梨もおっしゃっていましたが、公と私はきっちり分けて、人と話すときには公として話す、家に帰ったらズボラでもいい。外に対してはしがらみの少ない付き合いをして、適度な風通しを確保していく。

村木――若草プロジェクトで支援のプロの人たちはよく、「子どもって大変なんだよね」と言うんです。家族と学校しか居場所がないうえに、どちらも同調圧力がものすごく働いている。家族や学校との関係が悪いとき、子どもには第三の居場所がないから苦しいんですね。それが夜の街になったり家出した場所になったり、全く知らないSNSでつながった人になったり。気持ちは何となくわかりますよね。サラリーマンだったら嫌なことがあったとき、家に帰らずに知っている奴を呼び出して飲みにいくとかできるけれど。

今中――私は幼い頃おばあちゃんが必ず家にいてくれたので、サードプレイスのような場所はなく育ちました。鍵っ子と呼ばれる近所の子どもたちは、公園にあるプレハブ建ての学童保育に行っていました。学童の子は、トランプをしたり、先輩や後輩の上下関係があったりして、学校にはない学びの場所を持っていました。とても羨ましかったですね。

村木――特に学校って同じ学年の子どもが集められて、競争の圧力がすごくかかりやすい環境にあるじゃないですか。縦の関係もほとんどないし。親との関係って圧倒的だから、例えば一昔前だったらおじさん、おばさん、あるいはいとこ。そういう人がサードプレイスだったかもしれない。

今中――そうか、私にとってのサードプレイスは商店街だったかもしれません。家の近所には駄菓子屋さんがたくさんあって、子どもの頃からよく遊びに行っていました。一〇〇円あったら延々とおでんを食べられるとか。

お店のおっちゃんやおばちゃんがじっくり話を聞いてくれました。

村木——私の子ども時代、相談できる場所はあまりなかったけれど、家計が切羽詰まってバイトをずっとしていたので、家族と学校の価値観だけではないということはわかっていました。バイト先も第三の場所で、学校とは違う自分のポジションがあるし、学校だけにいると社会がどのような場所かわからなくて不安になりますが、バイトすることでその先を見られたなと思います。

SNSでつながる糸

村木——若草ではSNSを利用した支援をしています。厚労省でも実験的にやってみたのですが、やはりSNSだからこそつながれた子が結構いたみたいで、価値は大きかったです。電話だと大人と話さないといけないので、その場で言いたいことをまとめないといけない。SNSのやりとりだと時間を少し置いてもいいし、受けている側も、深刻なケースだとわかると横にいるスタッフに相談できたりします。普段SNSでの相談はスタッフが交代でしているので一人につき一人の支援者が付くわけではありませんが、シェルターに受け入れるようなケースでは担当弁護士が付くようになっています。

女の子たちは、他の支援機関でなかなか受け入れができないからとか、若草の方が向いているから、と紹介されたときに受け入れという形でやっています。決して大きなシェルターではないので、どちらかと言うと臨時に補完的に使える場所で、長期の場合はそこから次の場所へ送り出して行くことになります。

今中——若草は、「大きなシェルター」に対するオルタナティブな存在なんですね。大人の「構え」が少ないから、彼女たちは「構え」をほどいてくれた。SNSが有効に働いたんですね。ソーシャルワークでは、クライアントの構えをほどくことがとても大切です。こちらの手数が多くなれば構えは固まったまま。手も口も出さずにその人の自然治癒力の回復を待つ。できるだけ長く待つことでゆっくりほどけていきます。

村木――大熊由紀子さんの認知症ケアの本に書いてあったのですが、当事者にとって必要なのは「安心できる居場所」と「尊厳」そして「味方」だそうです。三番目は「良き支援者」と書かずに「味方」と書いてあるところがミソで、その言葉はすごくいいなと思いました。お仕事でやっている支援だけでもなく、しがらみでもなく、「味方」と呼べる人がいるかどうか。

仕事で生活困窮を担当したとき、プロの支援者の方に教えてもらったのは、「どんなに支援をうまくやっても、その人たちが地域社会のつながりの中にうまく根を下ろさない限り、また戻ってきてしまう」ということ。プロの支援だけでは立ち直ったように見えてもダメで、自分の暮らしや社会の中で外部とつながりができれば、こちら側に戻ってこなくて済む。「味方」は地域の人でもプロの人でもいいと思うのですが、どうしても辛いなと思った時に頼れるような人。いつもでなくてもいいけれど、ずっとつながっている支援者がいることがやはり理想的だと思います。

今中――「味方」に関しては、私は過去の人であってもいいと思う。お空に還った人でも。今このとき、すぐに頼れるしがらみのない一〇〇本、一五〇本の糸は必要だけど、深い穴にはまってしまった時、救い上げてくれるのは「太い一本の糸」です。それがあれば自死が止められるかもしれない。穴から上がったあとはしがらみのない細い糸がたくさん必要ですが、穴から上がるためには細い糸では難しいし、それが束になっているということも考えにくい。太い一本の糸を仏教的に解釈すれば善知識です。仏教の正しい道理を教えてくれる人という意味ですが、私は「逃げても逃げても後ろから追いかけて抱きしめてくれる人」と解釈しています。つまり「最強の味方」ですね。親鸞さんはそれを「阿弥陀さま」と呼びました。できれば、その糸に若い時に出会った方がいい。そのほうが生き切れる可能性がぐんと高まる。如何ともしがたい苦悩を救ってくれるのは、数百本の細い糸ではなく、一本の太い糸です。

村木――最初に穴から上げてくれるのはプロの支援者のときもあるし、亡くなった方のときもあるし、主治医かもしれない。上がった後は細いたくさんの糸でいいから、そこで地域のつながりなどが入ってくるのですね。

過去といえば、児童養護施設にいる子どもたちにとっては、ライフヒストリーがすごく大切だと聞きます。親を知らなかったり、親との思い出は辛い経験ばかりという子が多いのですが、どれだけ辛い過去があっても、それをある意味では受け入れないと今の自分を肯定できないじゃないですか。自分がずっと胸に抱いて生きていけるヒストリーが必要なのだと。

今中――納得感が重要なのでしょうね。そのためのきっかけづくりをするのが支援者です。支援者は自分ごとではないので相手のことを一〇〇パーセント納得したり、理解できませんが、当事者が納得して一歩一歩過去に進んでいくために力添えをするのが仕事であり、私たちの役目だと思います。納得せずに二段飛びして前進したところで、また立ち戻って振り返らなければならない。過去を振り返るのは焦らず、途中という距離を奪わずに、ゆっくりゆっくり。納得したくても納得できないこと、わからないことがあるという感覚が大事なのです。アーティストだって描きたいこと、表現したいことがあらかじめわかっている訳ではない、わかっていたら描く必要もない。わからないことをわかることで、過去に進んでいけると思います。

村木さんにとって「味方」といえばどなたですか？

村木——父親は最大の味方ですし、あとは自分の家族ですよね。冤罪事件の時も夫と子どもたちだけは何があっても二〇〇パーセント自分のことを信頼してくれる。それはとても心強かったし、私が一番恵まれている点なんです。

今中——他人である支援者がそのレベルで味方になるのはなかなか難しいでしょうね。とても時間のかかることですし、その人の苦しみを一旦こちらの中に入れないといけません。それができるのはタフでラフな人です。何事にも圧倒的にナーバスだったり、繊細な方はあまり向いていません。相手を思うがあまり相手に自分が取り込まれ、共依存に陥ると、こちらの精神も破綻してしまう。そうならないためには、感情移入しすぎず冷静にある程度受け流すようなラフな性格でないと。でも、そういう資質を持った人は限りなく少ないと思います。真面目でやる気のある人ほど全身で受けすぎて、燃え尽きてしまう。それは社会福祉に限ったことではなく、企業のサラリーマンも同じ。ハードな案件を処理するためには、タフでなきゃつとまらない。一方、全身で受けすぎると身が持たない。時々、スルーするラフさも必要です。

村木——支援する側とされる側、距離感のバランスは難しいですよね。

今中——河合隼雄さんは、心理療法のセラピストとクライアントの関係は個人的な関係ではないと言っています。それは、「非個人的関係」なんだと。どうしても私たちは個人的な関係で行動したくなりがちです。私が行った支援を認めてほしいとか、評価してほしいとか。河合さんは、非個人的関係を結ぶことで自らが喜怒哀楽を自由に表現できたそうです。

一人の支援者が一人の利用者と向き合う個人的な関係では、支援者も利用者も精神的にバランスを崩すことがあります。ミイラ取りがミイラになってもやり通せる心理療法士は限られています。数人でチームを組んで一人の利用者と対峙する方がいい。家族介護は基本一対一。過酷ですね。一人で一人の生活を受け取るというのは、両者に大きな犠牲を強いてしまいがちです。でも、チームを組めばできなくもない。施設も行政も有機的につながって一人の利用者を慮る。それが、地域福祉と言われるものですが、そうならざるを得ないと思います。

村木——精神科治療でも一つの手法として、最初からものすごく優秀なスタッフでなくてもいいから、複数人で危機対応するのがいいと言いますね。そのほうが、患者の自発的な回復へのきっかけも作りやすい。三人や四人で話をすると、患者以外の人だけで本人のことを話す瞬間がある。それを聞いて、ご本人が自分自身の思いや希望を客観的に整理できるとか。面白いですよね。

今中——インカーブでも定期的にアーティストを支援するスタッフを入れ替えています。また、チームを組んで一人のアーティストと向き合うことを基本にしています。その方が問題を共有化しやすいし、スタッフのバーンアウトも防げますからね。

第二章

困難を抱えた私たちが自立するまで

生きていくにはデザインしかない

今中博之

二〇歳の頃の家庭環境は激動でした。父は、職人で熱心な仕事人。個人で工務店を営んでいました。その父は、友人の借金の連帯保証人になり、その友人は夜逃げ。父の工務店も連鎖倒産し夜逃げをしました。私は大学にいてその場にはいませんでしたが、家族は、家財道具と犬を乗せて二トントラックで逃げたと言います。その後、両親は離婚して、家族はバラバラになりました。父は一人になり自殺未遂を繰り返し、最期は病院の階段から落ちて脳挫傷で亡くなりました。

大学時代は、お金がないので、初めて夜勤のアルバイトをしました。自転車の反射板づくりの工場で、ノルマは一日一万個。勤務時間は、夕方の五時から朝の八時まで。完徹して日当一万二〇〇〇円。週に二日、多い時で三日入りました。

毎日まいにち、「この先、どのように生活して行けばいいのだろう?」「父や母、兄は無事だろうか?」そんなモヤモヤした気持ちでいっぱいでした。母から届いた最後の仕送りは、くしゃくしゃな封筒に入った一万五〇〇〇円と小銭。小銭なんて初めてだったので、最後の力を振り絞って送ってくれたことがわかりました。同封されていた手紙には、「元気でね、ごめんね」とだけ書いてありました。それを見たときは泣きました。

一家が離散する前、父から私と兄で家業を継いでほしいと言われました。兄は、既に大学を卒業して父の工務店に入っていました。その時はまだ家業も順調で、わりに裕福な暮らしをさせてもらっていましたが、私は頭から「それはしない」と断りました。父からすれば、「俺は一生懸命働いてお前のために食える道を作ってるのに……足が悪くてもこれで暮らしていけるじゃないか」という親心だったと思います。しかし、私は何度言われても「継がない」と答えました。父は、とても落胆していました。私にはとびきり優しい父の願いを聞き入れることができなかった。申し訳ない気持ちと同時に、初めから定まったレールに乗ることがどうしても嫌だった。

家業を継がずに、私はデザインの世界に夢中になりました。中学生のときに図書館でインダストリアルデザイナーのレイモンド・ローウィの『口紅から機関車まで』という本を見つけたのがきっかけです。私にとってこの本の最大の魅力は、「デザインは座ってでもできる仕事かも」と思わせてくれたことです。椅子に座ってスケッチや図面を描き、プランを練る。これなら、足に痛みのある私にもできるかもしれない。子どもながらにそう思いました。父のように全身を使う大工仕事はできないし、友禅の染物職人だった母のように絵がうまいわけでもない。でも、デザインならできるかも、自分に向いているかも。まったく根拠のない話ですが。デザインに対して崇高な思いがあったとか、研究がしたかったというわけではありません。「生きていくにはデザインしかない」。そんな切羽詰まった感覚だったように思います。一方で、自分の身体は、何を可能にし、何を不可能とするのか。冷静に考えてもいました。

就職活動を始めるにあたり『年鑑日本の空間デザイン』をめくってみると、「(株)乃村工藝社」(以下、乃村)という会社が目にとまりました。年鑑には、一年間に日本で発表された空間デザインの仕事が最優秀賞から順番に載っています。

トップクラスの博物館や美術館、ショールーム、商業施設などのデザインは、ほとんどが乃村の仕事でした。会社の歴史も長くデザインの精度も群を抜いている。私は、ここで働いてみたいと思うようになりました。

当時、乃村の入社志望者は、一二〇〇人ぐらいだったと記憶しています。デザイン部の採用枠は、東京と大阪を合わせて三〇人。最終試験は役員面接です。自らの作品をプレゼンテーションして役員の質問に答えるというものでした。この面接で、人生の行き先が決まるような気がしていました。といっても、面接時間は一五分程度。何を話し、何を見ていただくか。一方で何を捨てようかと悩んでいました。コンセプトやプランを短時間に説明し、興味を引けるほどの力はない。ならばスケッチやパース、コラージュの精度で驚かせよう。総合力ではかなわないけれど、手わざならそこそこ勝負できる。弱者の一点突破です。自分はこれだけのドローイングができます。でも、その他はまだまだこれから。ありのままをぶつけました。結果的には、能力のデコボコした私を採用してくださいました。

当時は、偏りとか歪なものを面白がる社風があったと思います。入社してみたらヘンテコなデザイナーやプランナーがたくさんいました。特異な存在がおこす乱れや振幅がチームに膨らみをもたすということ、均一や横並びが退屈だということも彼らから学びました。

このような計画性は、おそらく小学校の遠足で培われたのだと思います。遠足では、まずベンチがどの辺りにあって、そこまで歩く距離はどれくらいで、何分ぐらい足を休ませることができるのか。そんな些細なことに気を配りました。それを把握しなくては体調が崩れる。崩れればおいてけぼりになる。子どものときから自分で周到に準備する癖がついていました。慮りの自主トレです。準備の大切さは、身体を通して学んだものです。そういう意味では、幼少の頃からデザイン的な思考をしていたのかもしれません。様々な予見事項を解読、整理して、意図的に行動をおこすことがデザインです。予見事項のないところにデザインは成立しませんし、意図なく行動してはいけません。デザインとは企てです。

乃村はもともと菊人形作りをしていた職人集団。私が入社した当時は、「いいものを作って高く売れ！」という世界でした。とことん考えて、デザインする。それを安売りしてはダメ。また「作ったものを自分の足で売ってこい」とも言われました。営業の社員を通さずに、デザイナー自身が自分の名前で売ってこい、と。二二歳の若造には衝撃的な言葉でした。デザインの力を信じろと言われているようで、気持ちが熱くなったことを覚えています。

生まれ持った能力やキャパシティはある程度決まっていると思います。とことんやったら八割程度はできる。でも、残りの二割は「見えない力」。その力は運とも言えるし、ＡＡ（Alcoholics Anonymous 飲酒問題を解決したいと願う相互援助）の一二ステップでいうなら「自分を超えた大きな力」「自分なりに理解した神」とも言える。私は、ご縁のある方の能力は、自分の能力だと考えればいいと思っています。そうすればパワーは倍増。自らは、身の丈にあった夢しか見られないけれど、ご縁のある方の夢は、私の夢です。村木さんともご縁があってお付き合いをさせていただいて、今では、村木さんの夢は私の夢だと思える。自分が成すべきことを代わりに成してもらえる。自分の力以上のことを実現してくださる。これも「見えない力」です。そんな思いは乃村を退職してインカーブを立ち上げた一七年前からより強くなってきました。

私たちを守るのは「コミュニティ」、つまり利害をともにする居場所です。端的に言えば、相互扶助の場。スーパーへのお買い物からゴミ出しまで、子育てからデイサービスの送迎までを行う場です。生き切るには、他の人の力を借りずには何一つできません。個々の能力はコミュニティで養われ、コミュニティで発揮される。でも、私たちはその相互扶助の仕組みをインターネットやＳＮＳなどの空中戦で手に入れている。生活の困りごとには、行政や民間企業から社会福祉サービスとして提供されるようになった。その結果、コミュニティは痩せ細り、居場所の居心地は悪くなりました。相互扶助を支えるのは面倒なことがいっぱいあるし、縛られることもある。でも、それを丸抱えにした居場所が必要です。万が一、社会のサービスが停止してもなんとか踏んばれる、大層な幸せではなくとも、不幸ではないつながりがある。コミュニティとは何か。居場所の規模はどのくらいが適正なのか。インカーブを立ち上げる前にそんなことを考えていました。

京都大学総長で人類学・霊長類学者の山極寿一さんは、「何の疑いもなく、何か困ったら頼ることができる人、つまり「社会資本」（ソーシャル・キャピタル）のマキシマムな数」は「一五〇人」だと述べています。一五〇人というのは、言葉によってつながっているのではなくて、過去に何かを一緒にした記憶によって結びついているといいます。私は、お互いを慮ることのできる一五〇人で「私たちの居場所」であるインカーブを作りました。スタッフは一〇人。知的に障がいのあるアーティストは二五人（定員二〇人、登録人数二五人）。アーティストのご家族が合計一〇〇人。それにサポーター（外部のデザイナーやプランナー）が一五人。あわせて一五〇人です。「私たちの居場所」の中で、「自分が気持ちよくなれる場所」を探し、個々人が自分の役目を見つけ出す。

　人生は良い時ばかりではありません。季節の変わり目は気持ちがザワザワする。会社が倒産した。親友とも別れ、親も失う。もう死んでしまいたい。そうした危機に「何の疑いもなく、何か困ったら頼ることができる人」は、誰か。きっと、家族や友人などの面倒くさい小さな人間関係しかないのではないか。直に会って身体を合わせ、時間を共にする。相手のことを我がことのように喜び、悲しみ、悔やむ。人は、そのように受け入れられて、生き切ることができるのだと思います。でも、そうした居場所が現代の社会には限りなく少ない。面倒くさい人、普通と違う人は排除されるようになる。それは移民も、高齢者も、障がい者も同じです。でも人は老い、病気になり、お空に還っていく。その排除はやがて自分を襲うのです。ならば身の丈にあった居場所を自ら作る必要がある。欲張らずに

「何の疑いもなく、何か困ったら頼ることができる一五〇人」を探し出さなければならない。出会える場所を再生しなくてはならない。

与えられた環境と努力

生まれてすぐの記憶

今中――私は生まれてすぐに障がいがわかったんですよ。でも、子どもの頃は障がいを意識しないまま、友達と遊びまわっていました。まだ、今のような身体の痛みもないので困ったことはありませんでしたね。

一方、家族は曲がった足をまっすぐにしてやりたいと、東洋医学や西洋医学、エビデンスの定かではない民間療法まで、ありとあらゆる治療を受けさせてくれました。私の将来を慮って、過度のストレスや緊張感を持っていたと思います。記憶に残っているのは、当時、身体の小さなおばあちゃんが身体の大きくなってきた私をおんぶして、市バスのステップに手をつきながら這いあがっていたこと。その一途な愛情は、私の生き る原動力になりました。

うちは貧乏だったんですけど、おばあちゃんは私にブランド物の靴下を履かせようとしていました。ゴムがゆるゆるにのびた靴下じゃなくて、きちんと身なりを整えさせる。でも、障がいのせいでうまく履けなくて、私はそれが嫌だった。それで「いらん！」と言うと、おばあちゃんは「アーノルド・パーマーやで」と（笑）。おばあちゃんは、私に障がいがあるからきちんとした服装をさせなければならないと思っていたんでしょうね。

村木――私はあまり幼少期の記憶がないです。大きな出来事としては、二歳になったばかりの頃に母親を亡くしました。物心つく前なので詳しくはわかりませんが、心臓麻痺である日突然亡くなったそうです。当時父親が二八歳、母親は二三歳くらいでした。そこからしばらくは父子家庭で、父が作ってくれたご飯を食べて育ちました。まだ他の家庭がどうかというのも知らないから、何も不思議に思わなかったし、お母さんが欲しいと思うこともなかった。父ひとり子ひとりの家庭生活にはいろんな思い出があります。

父の立場からすると、ある日突然、男親が二歳の子どもを抱えて取り残されてしまったわけですね。その大変さを当時は全然わかっていなかったけど、あとになって「本当に大変だったろうな〜」と（笑）。当時父は自営業みたいな感じで仕事をしていたので、一日中家で一緒に過ごしていました。そのせいもあったのか、とっても人見知りで、人に話しかけられそうになったら泣いて家に帰るような感じ。今思えば十分に遊んで冒険してという生活ではなかったのかもしれませんね。わりとおうちでおこもりしているタイプの子どもでした。

今中——私はとっても悪かったんですよ（笑）。京都の長屋暮らしだったので両隣の家とつながっていて、自分の家から七、八軒むこうまで屋根つたいに歩けるんです。長屋の真ん中には小さな中庭があって、住人がみんな洗濯物を干している。そこで、屋根から洗濯物に向けて、じゃーっとおしっこしてたんです（笑）。

村木――なんという悪い子！

今中――洗濯物がまっ黄っ黄になって、隣のおばちゃんに「ひろしやろ！」と言われても知らんぷり。小学校に上がる前ですね。

村木――私はそのころ、外でとか、お友達と一緒に遊んだ記憶はあんまりないです。五歳のときに幼稚園の入園試験を受けたんだけど、父親と別れられなくて泣き叫びました。どうにか試験会場には入ったんだけど、出された問題なんかもよくわからず、いろいろさせられるのがすごく嫌で、生まれて初めて不合格になった（笑）。その後どうにか年長さんで保育所に入ったのですが、それからもよく泣いていました。

保育所には女の子が六～七人いたのですが、そのなかにいじめっ子が二人いました。しかもわりと陰湿で、毎日誰か一人がターゲットになって除け者にされちゃう。そんな環境で一年ほど過ぎたころに、「あの子たちはなんでこんなことをするんだろう」と、子どもながらにじっくり考えたんです。それで、「あの子たちはいじめられたことがないから、これがどんなに嫌なことかわからないんだ」と思いました。その後すぐ、残りの子どもたちに「いじめっ子の二人を外してこっちで遊ぼう」と声をかけたんです。そうすれば、除け者にされた子の立場がわかるんじゃないかと。いじめられたことのない子はすっごく驚いて、キョトンとした表情でした。でもその日から、誰かを除け者にする遊びはなくなったんですよ。その小さな成功体験のおかげでちょっと強くなりました。そのときの「私もやる時はやるんだ」という感覚はずっと覚えていて、いろいろあっても、心の支えになってくれたような気がします。それからも人見知りは治らなかったですけれど。

家族から与えられたもの

今中――一回目の手術で入院したのが五歳の時でした。だから保育園の年長さんには行ってないし、小学校も一～二年はほとんど行ってないんです。そこでプツンと社会が変わってしまったという印象があります。京都を離れて神戸の病院に入院したので、友達が誰もいなくなってしまった。泣いてはいけないと思いつつも、夜になると涙が流れて、耳にたまったのを覚えています。結局手術は失敗しました。
入院中、おばあちゃんが京都から神戸まで一日も欠かさず来てくれました。それも、私の好きなきゅうりの漬物と土生姜と麦茶を持って。その体験が私の「人の愛し方」の原点です。一緒に暮らしたのは六歳くらいまでですが、五六歳になった今も、何かあったらおばあちゃんのことを思います。
人に愛される経験って、時間の問題ではないような気がします。あの熱量の愛を一、二年与えられるだけで、ある意味ずっと引きずってしまっている。私にとって女性はおばあちゃんが理想なんです。それを他の女性にも求めてしまう（笑）。

村木――それは厳しいなぁ（笑）。

今中――「愛されすぎる」ことは良いことです。コップから溢れ出た愛情は、誰かの乾きを癒すことができる。娘に対しても、知らず知らずのうちにおばあちゃんにしてもらった「愛し方」をしています。それが彼女の自信になるのか、負担になるのかなんてわかりません。でも、それしか私にはできない。内心では、娘に褒めて欲しいと願ってるんです。大きくなったときに「パパ、よくやったね」って（笑）。

哲学者の三木清さんは、妻をなくし娘の成長を見届けなければと思っていたようで「私に真に愛するものがあるならそのことが私の永世を約束する」と語っています。思いを残した人がいるということは、私がお空に還っても、折にふれて私を思い出してくれる。そうすれば永世は約束されていると。私が毎日のようにおばあちゃんを思い出すのと同じように娘も私を思い出してくれるかもしれない。そんな手前勝手なことを期待しています。

私の子どもの頃、絶対的に愛してくれる人は、血のつながったおばあちゃんでしたが、ファミリーホーム（小規模住居型児童養育事業）を運営している人は、里子との血のつながりがあるわけではありません。でも、半年や一年でもいいから深い愛情で結ばれたら、死にたいほど辛いことがあっても、何とか生きていけると思うんです。

村木——人の自信につながるような体験は、小さいときであればあるほど価値が大きいと感じます。私にとってはそれが父親なんでしょうね。いつも私のことを「明るくて素直な子だ」と言ってくれたから、「人見知りでも明るくて素直なんだ」って、一生懸命自分でも思っているわけですよ（笑）。

大人になるまで長い間ずーっと父親が自分を愛して、価値あるものとして扱ってくれたというのは自分にとってすごく大きかったです。何があっても父が「この子は非常にいい子だ」と言って育ててくれたことが、人生の基盤になってるかもしれないですね。

今中——私には、それがおばあちゃん。明治生まれで、家が貧しくて幼い頃から子守りを仕事にしていたので、学校にはいけなかったそうです。字が読めないので、私に「おばあちゃんの横で新聞を読んでくれ」と言うんです。気っ風がよくて「もし私に読み書きができたら、こんな貧乏やあらへんで」と。本を読むことや学ぶことの大切さはおばあちゃんから教わりました。障がいについては、膝枕をされている頃から「なにくそ、って思わなあかんで」「障がいがあってもひろしは、やれる」と、肯定的なことばかりを言われて育ちました。また、「弱い人は助けろ」「貧乏人を助けろ」は口癖でしたね。魂がとても熱く、正義感の強い人でした。だから、私は「役に立たなくて申し訳ない」とか「心配ばっかりかけて」という気持ちは全くなかったです。

ポジションを考える

今中――四歳上の兄がいるんですが、私とはまるっきり性格が違う。とってもおとなしい（笑）。話す内容も、服装も、趣味も違う。でも、気配りに長けた人です。私の大学受験や就職試験の時には、会場入りする前まで一緒にいてくれました。途中で歩けなくなったらマズイと思ってたんでしょうね。口には出しませんが。

村木――私には父親が再婚してから生まれた妹がいます。歳が六つも違うので、結構面倒を見ていたと思います。もちろん兄弟喧嘩もないし、女の子同士で仲はずっといいですよ。

父親の再婚のとき、私は六歳ぐらいだったと思うのですが、まわりが結託して「お母さんはおばあちゃんの病気のために実家に戻って看病してたんだ。今度おばあちゃんの病気が全快したので、お母さんが帰ってきてくれたんだ」と、相手を本当の母親だと思わせるように嘘をついたんです。まだ小学校に上がる前で、疑いなくその人を迎えました。実際に遠縁ではあったんですが、不思議なことに顔も似ていて、誰が見ても「よく似た親子」と思うような感じなんですね。その人が来てくれてからは「お母さんがいない」という思いをあまりせずに済んだ。妹が生まれてからもやきもちを焼いたこともありませんでした。転機は小学校三年生くらいの頃。大人同士の会話のなかで実の母親の話を耳にしてしまったんです。父親に聞いたら「実は……」って。

今中——それは衝撃が大きかったでしょうね。

村木——その時からはしばらく「私がいなければ普通の家族なのにな」と思っていました。お父さんとお母さんと本当の子ども、その三人だったらなんとまとまりのいい良い家族だろう、私だけ異分子だ、いなくなりたい、と。小学校の三、四年生のころは反抗期・思春期で、どうやって家出をしようかとずっと考えていた。ある意味で一番苦しんだ時期ですね。

ひとりで暮らしていける方法はなんだろう？　と考えて、「子守り」か「ホステス」だと思いました。昼のメロドラマでは、美貌で薄幸の主人公はみんなキャバレーやクラブでホステスをやっている（笑）。若い女の子が何もできなくて手っ取り早く稼ぐ方法は水商売なんだ、という思い込みがあり、どうすればそれが実現するんだろうと自分なりにシミュレーションしながら暮らしていました。子守りも、あんまり都市部だと小さな子どもを雇っているとすぐに連れ戻されるから田舎がいいかな、とか。

今だったらSNSで泊めてくれたりお金をくれる悪い大人とつながってしまったり、JKビジネスでバイトができたりしてしまいます。そういうことをしている子たちを責められない。あの子たちはうん十年前の私だと思うんですね。すごく真剣にホステスになることを考えていたので、手段さえあればやっていたと思う。

今中——うちは両親がよく喧嘩をしていたので家の中が暗くなりがち。「自分が明るくしてなきゃいけない！」という気持ちがありました。結果的には離婚しましたが、私が家に居なかったら家族は崩壊してしまう。そんな思いが子どもの頃から強くありました。村木さんとは真逆ですね。

村木——共通しているのは「家の中で私のポジションは何かな」と思ったことですよね。子どもたちは居場所に対して非常に敏感。実は郵便不正事件で私が大阪拘置所に勾留されていた時、私の上の娘は、「自分はお姉ちゃんなんだから、絶対家族の中で泣いたりしちゃいけない」と思って頑張っていたそうです。下の娘は、「一番下の私をみんな一番心配するから、元気でいなきゃいけない」。彼女たちが自分の役割を一生懸命探したのと、今中さんが自分の役割を果たしたのと、考えることは一緒ですよね。小学三年生の私も同じように考えて「家出」という結論に至った。「追い出したわけではないけどいなくなる」という形をとることが家族にとって一番ハッピーだと思っていました。今になって思えば、そんなことをしたら一番父親が悲しむし、すごく馬鹿らしい選択なんですけどね。

学校生活で得たもの

今中——私が子どもの頃のことで印象深いのは、長い入院生活を経て一回目の手術が終わり、退院の日のこと。母と病院を出て坂道を下っていました。長い沈黙の後「ひろし、お医者さんと喋ったんやけど、あんたの足、治らへんねん……」と切り出したんです。私は「そうなんや」って、何も感じてないような物言いをしながら、母の前で泣いてしまいました。続けて母は、「もう一回手術したら治る可能性もある。でもな、失敗したら足を切り落とさなあかんかも」。切るか、そのままでいくか、母は私に託してくれました。私は「切らへん。もうこのままでいい」と言いました。福祉的に言えば「受容」というんでしょうね。自らこの身体のままで生きて行くことを決めた、それが小学三年生でした。

将来、歩けなくなるかもしれない。だけど、おばあちゃんが「負けたらあかんで」と言ってくれてるようで。その時から、足が曲がったまま生きて行くにはどうしたらいいかを考えるようになりました。でも、頭の中は焦りと不安でいっぱい。そのぐらついた感情は、目の前だけではなく、少し先やもっと先を慮る能力を高めたようです。動きにくい身体だからこそ周りを慮り、いざという時のために準備をする。母の前で泣いた時に、私は子どもながらに覚悟したんだと思います。人より少し早めに大人になったのかもしれませんね。私が望んだわけじゃなく、障がいが背中を押してくれたんです。

村木――そこからは学校に戻られた?

今中――まず、養護学校（現在の特別支援学校）か普通学校を選ばなければなりませんでした。その当時、私の地域の小学校では、階段を上れるかどうかが基準。校長先生に「階段、上れるか?」と聞かれて、一人で階段を上がりました。「それなら入っていいよ、上れなかったら養護学校」と言われた記憶があります。それで普通学校に行きましたが、差別を受けた経験は全くありません。その後の学生時代もずっとです。病院生活が苦しかった分、学校生活はとても楽しく過ごしていました。

村木——私の父親はすごい教育パパでした。母親が死んじゃってから「この子を育てるのは俺の大事な仕事だ」と思わざるを得ない状況だったからかもしれません。たとえば小学二年生くらいの時に私が作文を書いていたら、うしろからひょっと覗き込んで、ひらがなのところを「あれ、この漢字もう習ってるよね」って言ったんですね。言われてみれば確かに習っていたので漢字に書き直したんですが、私が学校でどの漢字を習ったか知っているなんて凄いと思いました。勉強をよく見てもらっていて、なんの科目が弱いかを把握してドリルを買ってくれるんです。

それだけでなく、おうちのお手伝いをしなさいともよく言われていました。「勉強は自分のことだから、自分のことを一生懸命やっても全然褒められないんだ」と。

小学五年生になる頃に、ちょうど家出願望と並行して、高知の中で名門と言われる私立の中高一貫校に行きたいと思うようになりました。あんなに教育パパだったのに、「あの学校に行きたいから塾に行かせてくれ」と頼んで「わかった」と言った日から、中学校に入るまで、一度も勉強しなさいと言われなかった。本人がその気になったから良しということだったんですね。そこで私の「ホステスになりたい」という希望が、「私立の中学校に行きたい」という希望に入れ替わって、一生懸命塾で勉強することが目的になった。自立するための道筋が、わりと現実的なほうに切り替わったというんですかね（笑）。

今中——うちは「勉強しなさい」とは全く言われなかったんですよ。障がいがあるので「元気なら、それでいい」が口癖でした。障がいの進行に伴う身体の痛みやリハビリの方法はよく話を聞かせてくれましたが、それ以外は気にしなくていい。あくまで私に勉強させるというのは、オプションだったんでしょうね。基本ではなかった。友達と元気よく遊ぶことが一番なので、勉強は二の次三の次でした。家に学習机がなかったんです。中学校の時に私がほしいと言って初めて買ってもらったくらい。小学校でも、みんな教科書を持って帰っているけど、私は持って帰った記憶がありません。重くて持ち運びさせるのも良くないという配慮もあったかもしれませんが、親からは「置いといてええんとちがう？　家で勉強せえへんし」と言われて、「せやな」って（笑）。

村木――なるほど、なるほど。

今中――でも、中学校に行ってから、初めて学内で統一試験がありました。なんと一学年五〇〇人中、後ろから二、三〇番目だったんです。小学校からよく一緒に遊んでいた友達は成績が良くて、私だけがダメ。ショックでしたね。それからひと月くらい、引きこもって学校に行かなかった。両親に「家庭教師をつけてくれ！」と言いました（笑）。

それから猛勉強して、参考書を買って、教科書も持って帰るようになりました。私は、入院していた時期も長かったし、運動会でも別メニューだったのでかけっこして勝ったとか負けたという思いをしたことがない。それを統一試験で初めて経験した。もともと私は順位や競争が好きなようです。だからスポーツは大好き。特に、個人ではなくチームで戦うプロ野球はいい。人生も仕事も野球で語れます（笑）。そこから三年間、一生の中でも一番勉強しました。楽しくて仕方がなかった。わからないことがわかる快感を知ったのもあの頃です。そうしたら、成績がびっくりするぐらい上がりました。ただ、やれるだけやっても、最上位の一〇、二〇番の人には追いつかない。でも裏を返せば、やれば八割程度はできるようになる。最後の二割は、自分の力以外の何かが作用したらクリアできるかもしれない。その思いはいまだに変わりません。中学校の三年間というのは、自分の人生にとって非常に意味のある時期でした。

村木——おもしろいな。私はちょっと逆かもしれないですけれど、行きたい学校にやっと合格したと思ったら、父親に「一回目の試験の成績が五〇番以下だったら辞めようね、公立中学校に移ろうね」って言われたんですよ。要するに、いい学校でビリの方にいるよりは、公立の普通の学校でトップの方にいた方が絶対いいから、って。その時は「半分より上だったらとにかくこの学校に置いてくれ」って泣いて拝み倒しました。だから私も中学一年生のとき、人生で一番真面目に勉強したの。せっかく憧れて入った学校なのに辞めさせられたら大変だと思って……今考えたら完全に父親の戦略に乗せられて、バカだなと思いますけど（笑）。当時は本当に真面目な子だったので、一生懸命勉強して、もうあとにも先にもその時だけかもしれないけど、学年トップになったんですよ。

今中――さすが。私は、社会科の「歴史」だけが学年トップになりました。でも、一〇〇点じゃないんです。「さむらい」の漢字が「待」になってて（笑）。

村木――ただ、同級生はみんな自分は成績優秀だと思って入ってきていて、入学から二ヶ月くらいの最初の中間試験で、まだ「受かって良かった」と思っている時期じゃないですか。その中で「トップの子だ」という風に見られてしまって、なんとなくお友達が作りにくいというか。もともと人見知りなのに、自意識過剰だけど、周りの目が気になって余計にしんどくなったんです。その後も友達は多くなかったけれど、ものすごく面倒見のいい子がいて、そういう子にずっと付き合ってもらって、学校生活を送りました。五〇年たった今でも、その子は大事な友達です。

「みんなと一緒」になじめず

村木――私は小学校のときから本が大好きで、教科書をもらったらその日のうちに全部読んじゃう。子どもにとって本は高級なもので、そのペースで買うわけにもいかず、図書館やお友達のおうちで借りて読んでいました。中学生になると中高一貫の大きな図書館があったので、いくらでも本を読めるのが幸せだった。一方で「隣の子におはようって言えたらいいのに」とも思っていましたけれど、集団で行動するのはずっと苦手でしたね。

今中――わかります。私はみんなが守る通学路を使うのが嫌でした。田んぼを横切ったり、ちょっと遠回りしてバスで帰ったり。通学鞄も嫌。兄が持っていた卓球用具を入れる白の革袋があって、それに教科書を入れて持っていったりしていました。当時から「人と違うことをしたい」という気持ちがあったのかもしれません。制服も、さすがに柄シャツにはできないので、第二ボタンだけを違うものに変えておくとかね。母から「そんなん誰も見てへんで」と言われるし、それはわかってるんですが、とにかく「みんなと同じ」というのがどうしても苦手でした。

村木――私は押し付けられるのがとにかく嫌だったんですよ。国旗に向かって頭を下げさせられることとか、君が代も、自分から歌うぶんには全然いいんだけれど、強制されることが嫌。やりたくない人もいるはずなのに、どうして全員頭下げさせられるんだ、と。そういうこともあって、受験では一番自由な学校を選んだんです。当時、公立の高校では男の子は坊主刈りで、女の子は三つ編みにしなさい、肩にかかっちゃいけませんという規則があるような時代でした。だけどうちの学校だけ髪型が自由で、靴も白か黒か茶色だったら革靴でもスニーカーでもオッケーだった。長い髪を結ばずに垂らすことが、当時の自分にとってすごく大事なことでした。

本当に自由な校風で、数学や英語も能力別で選べて、高三のカリキュラムも自分でかなり組めました。単位を落とさない自信があれば自習時間も一週間に最大五時間取れたんです。だから頑張って五時間作って、その間ずっと図書館にいるような高校生活でした。

今中――私と全然違いますね（笑）。私は高校にあまり行かなかったから、卒業間際、単位が足りなかったんですよ。中学生の頃は、とことん勉強したのに、すっかり気が乗らなくなった。一種のバーンアウトですね。くわえて数学、化学、古典が何の役に立つの？という疑問が払拭できなかった。それより実践でしょう、なんて偉そうなことを考えていました。自分とは関係のないことや遠回りすることで得られる果実があるなんて考えもしなかった。雨が降ると学校に行きたくないし、授業もあんまり興味がない。父も母も「やりたい時が来たらやったらいい」方式で、ずっと静観してました。最後、卒業が危うい二人が集められました。どうしたって単位は足りないので、先生が「下駄、はかしたるわ」って。いい時代ですね（笑）。その先生とは、いまだにお付き合いがあります。

村木――学校に行かなかった日は何をしていたんですか？

今中――家で自分の好きな本を読んだり、犬と田んぼの土手に座って夕日をぼけーっと見ていたり。座学よりも父や母の職場に行って、働く姿を見るのが好きでした。特に、父は自らが監督をする工事現場に私をよく連れて行ってくれました。たくさんの職人さんがそれぞれの持ち場を担当しながら一つの住宅が立ち上がっていく。一人ではできないことがチームならできる。職人さんが汗水流して働く姿はかっこよかったですね。

村木――私は好きな学校に入れて幸せと思った矢先、中二のときに父が失業して、この学校にいられないと思うタイミングがありました。修学旅行にも行けなくて。高い月謝の私立学校に自分だけ通っている場合じゃないと思って、父にやめると言ったんだけど、「どんなに無理しても行かせてやるからがんばれ」と言われたんです。それからは春休みや夏休みにバイトでお金を稼いで、本を買ったり学費に充てたりしていました。最初は中三の冬休み、学校公認のアルバイトで、郵便局で年賀状の仕分けをしました。それが結構おもしろくて、年賀状に書いてある郵便番号を一瞬で確認してその番号の棚に手裏剣のように仕分けていくプロがいるんですよ。自分も絶対速くできるようになりたいと思って、だんだん上手になっていくのですが、最後は郵便番号が書いてない達筆で読みづらい住所を読み取らなくてはいけなくて全く歯が立ちませんでした。今中さんの試験の話と同じで、努力次第でできるようになるということと、プロにはプロのすごい技があって、自分も経験を積み重ねないとできないんだということを、中三の冬休みのアルバイトが教えてくれました。頑張ることの意味とか、職業人としてプロになる意味とかはそのときによくわかって、とても良かったですね。

「勝ちグセ」は人生を豊かにする

村木——今中さんも読書好きですよね。それはいつ頃から?

今中——私は中学一年生くらいから。勉強と同じでゼロベースだったので、単純に面白かったですね。教科書を読んだり、文章を書いたり、自分の体がどんどん大きくなっていく感覚。その楽しさは中学一年から三年までずっとありました。

村木——その楽しさ、わかります。

今中——何かを学ぶうえで「勝ちグセ」ってとても大事だと思うんです。最初から難しい試合をする必要はない。特に自分が親になって思うのは、子どもにとってはやさしい試合を組んであげることが大事ということ。勝つという経験を積んでから難しい試合に挑んだほうがいい。負け続けているとチャレンジしたいという気持ちも萎えます。それは中学生のとき勉強しながら思いましたね。簡単な問題から解けていくと楽しいし、解けなかったら何も面白くない。

村木——教材の作り方はそれがいいって言いますね。最初に必ず解ける問題を入れておいて、そこからちょっとずつレベルを上げて……って。全部負けていると、自分の能力がどこまであるのかわからないですよね。いくつか勝てると「ここまではできる」というのが自分でわかるから。

今中——人から見れば頼りない試合かもしれないけど、その積み重ねが少しずつ自信になっていく。スタートは大事ですね。

村木——保育所でのたった一回の成功体験で、その後生きていられるようにね（笑）。

目標は「自分で食べていく」こと

村木厚子

　子どもの頃に最初に憧れてた職業は「童話作家」、絵の上手な友達と一緒に紙芝居を作ったりしていました。本好きも大いに影響していたと思います。でも、すぐに「この仕事には才能がいる」と気づきます。それでも本にかかわる仕事をしたかったのでしょう、次なる夢は「翻訳家」です。これも中学生になって英語の授業が始まると、すぐに諦めました。中学校ではとてもいい生物の先生に出会い、「科学者」になりたいと思うようになりましたが、数学は苦手で、この道も断念。あきらめの早い子どもだったようです。

　中学の時に父が失業し、私立の学校は退学せざるを得ないと思ったとき、父が相当な無理をして卒業まで続けさせてくれ、その後、大学進学もかないました。

自分の望んだ中学校、高校に行けたこと、大学に進学できたことはその後の人生の礎になりました。もう五〇代になったころでしょうか、父に、どうして無理をして学校に行かせてくれたのかと聞いたことがあります。父は高知の山間僻地の出身、義務教育が終われば農業か林業に就くのが当たり前でした。ところが勉強の好きな父を見て祖父が周囲の大反対を押し切って進学をさせてくれた。だから自分も子どもにもチャンスをあげたかったと話してくれました。「チャンス」をもらうということが、こんな風に伝播していくんだということを父に教えてもらいました。

大学は卒業したものの、地元の高知には、四年制大学を卒業した女性を雇ってくれる民間企業はひとつもありませんでした。女性は短大までが普通、民間企業では結婚退職や出産退職も珍しくはありませんでした。「自分で食べていく」というのがこの時の私の唯一最大の人生の目標。そこで、長く働ける公務員を選びました。国家公務員の上級、次に高知県庁の上級試験、国家公務員の中級と公務員試験を片っ端から受けました。県庁では面接官に、「上級職の女性職員の仕事は庶務です」と言われました。そのとき私がよほど嫌な顔をしたんでしょう、そうしたら「いや、企画的な業務は男性だってなかなか就けないんだよ」とフォローするように言われました。

あからさまに「女性職員の仕事は……」と言われ、さすがに一生そういうことをやるのは嫌だなぁと思っていたところ、国家のほうが決まりました。ちなみに、高知県庁の名誉のために言うと、その後の雑誌の特集で、高知県庁は女性活躍の進んでいる県庁ベスト3に入っていました。面接官は、安易な夢を見すぎないようにという気持ちだったのかもしれません。

就職して、生まれて初めて故郷を離れ、東京で一人暮らし。ここでは独りぼっち、早く知り合いをつくらないとと、人見知りの私も、必死で職場の人たちと話をするようになりました。それに、仕事とは有り難いもので、上司から指示を受けたり、相談したり、先輩に知恵を借りに行ったり、時には外に交渉に行かされたり。気が付くと、仕事の上では、対人恐怖症で困るということはなくなっていました。四〇歳を過ぎて課長になったころに、部下から「課長、対外折衝、上手ですよねえ」と言われ、びっくりしました。仕事は人を育ててくれるんだと実感した瞬間でした。

それでも、例えば立食パーティーのような不特定多数の人が集まる場所や、初めて出会う人との会話などは大の苦手、こういうところは人間、そう簡単には変わらないようです。ただ、最近、こういう場面が少し楽になりました。郵便不正事件で、私の名前や顔を知っている人が増え、パーティーなどでも向こうから話しかけてもらえることが増えたからです。こういうのも「けがの功名」というのでしょうか（笑）。

仕事で言えば、私は、ゆっくりとしか成長できなかったように思います。係長になったとき、「いまならいい係員になれるのに」と思ったことをよく覚えています。そして、課長補佐になったとき、「いまならいい係長になれるのに」と思いました。でも、そこでやっと、私もゆっくりだけれど成長しているんだということを自覚できて、それからは、少し自分に自信が持てるようになったと思います。

もう一つ、仕事をする上で大きかったのは、家族の存在だと思います。育児休業のない時代に、夫と二人で「共働き」をしてきたので、娘二人にも大きな負担をかけましたが、おかげで、家族みんながお互いを「同志」だと思っています。

どんなに仕事でストレスがたまっていても、子どもの顔を見れば頭は完全に「家庭人」に切り替わるし、どんなに育児で悩んでいても職場に着けば「職業人」の頭に切り替わります。煮詰まることがなくてかえってよかったのかもしれません。「居場所」が複数あったことが救いになっていたように思います。それに子どもができてから、圧倒的に部下に優しくなりました。「理屈どおりに動かないもの」との日々の戦いが私を優しくしてくれたに違いありません。娘たちには「誰のおかげでここまで仕事をしてこれたかわかっているでしょうね」と時々念を押されます。時間も手もかけてあげられなかったので、本当に、娘たちに感謝していま す。働く母親について、娘がこんなことを言ってくれました。「お母さん、楽しそうに仕事してたでしょう。だから仕事に対してプラスのイメージを持てた。社会に出るのが怖くなかった」。

三七年半勤務した役所を辞めたとき、よく「産・官・学」というけれど、自分は「官」の世界しか知らないのだから、辞めた後は、「産」と「学」の世界をのぞいてみたいと思いました。全く企業での経験のない私を、うちへ来ませんかと誘ってくださる企業があって、今、いくつかの企業の社外役員をお引き受けしています。企業のガバナンスのやり方や、常に事業の革新を求めていく姿勢、スピード感など学ぶことがたくさんあります。また、役所だと、自分たちはそれだけで「公的なものを担っている」ということになりますが、企業の場合は、企業の社会的責任、社会貢献について、その姿勢や取り組みを常に意識的に議論していることもとても新鮮でした。一方、「学」についても、津田塾大学と社会事業大学専門職大学院で授業を持たせてもらっています。津田塾は女子大の一年生の授業、社会事業大学はすでに福祉などの現場で働いている人たちと、全く違う学生を相手にしているので、いろいろと勉強になります。こんな風にいろんな仕事を少しずつやっていく形を最近では「ポートフォリオワーク」などと呼ぶようです。時間を効率的に使いつつ、それぞれの仕事が相乗効果を発揮するようにしていくとよいと聞きましたが、まだまだそんなふうにはできません。人生一〇〇年時代は、キャリアの上でも、何度も「探索→トライアル→確立→熟達→探索……」というプロセスを繰り返していくんだと言われているようです。私の場合は二度目の探索にやっと入ったところです。

これからは、できる限り「永田町」や「霞が関」には近づかないようにしようと思っていますが、振り返ってみると公務員という仕事は、自分の性格には案外あっていたように思います。

私は、競争が苦手です。「官僚」というと「競争社会を勝ち抜いてきた人」というイメージがあるかもしれませんが、仕事は基本的にチームプレー、仕事の中身も「黒子」です。中での出世競争があるだろうといわれるかもしれません。確かに強烈に「出世したい」と思っている公務員もいるかもしれません。そうでなくても、ポストが上がらないと自分がやりたい仕事ができないという面はあります。でも、その前提は「自分がやるべきミッション」があるということです。案外、多くの公務員は、そんなふうに考えていると私は思っています。

私が競争が苦手なのは気が小さいからだと思います。遊びで一番苦手なものは「椅子取りゲーム」。ほとんどいつも最初にアウトになり、恥ずかしい思いをし、二度と参加したくないと参加したことを後悔します。だから、公務員のように、チームプレーで、どこかに自分の役割が与えられるととても気持ちが落ち着きます。もっと自分の心の奥底を眺めれば、単に「負けるのが怖い」のかもしれませんが。勝負好きの今中さんとは正反対です（笑）。

いま、公務員という仕事を振り返ると「全体の奉仕者」という言葉の重みを改めて感じます。民間であれば、自分たちの製品や商品を選んでくれる人を増やす、自分たちのファンを増やすことでいい。一方、国家公務員の場合は国が制度を決めれば、それに反対している人もその制度に加入せざるを得ない。そういう意味で、大ファンはいなくても、「まあ、これなら納得するしかない」とみんなに思ってもらわなければなりません。いつも連立方程式を解いている気分です。そういう意味で「調整」という役回りが巡ってくることも多いのですが、（これも今中さんと正反対で）エッジが立っていない私の「平凡さ」が結果的には大いに役立ったように思います。

そういえば、公務員という仕事は「一流にならなくていい」と教わりました。なぜかというと、一流の人は世の中にたくさんいるから、その人に来てもらえばいい、三流では困るけど、二流でいい、と。それを聞いたとき、なるほどなぁと思いました。実際働いてみると、二年程度で部署が変わっていくので、どの分野についてもなかなか一流のプロにはなれない。だからこそ、できるだけ一流の専門家や現場の実践者に巡り合うこと、その人たちの知恵や経験を政策にきちんと取り入れられることが大事なのだと思います。公務員は主役の選手ではなく、選手が活躍できる環境を作る裏方や応援団のようなものかもしれません。

公務員であることで、今中さんのような面白い、じゃなかった、素敵な人、一流の人に出会うことができました。公務員という仕事をしていたからこそ、今中さんに会いに来てもらえた。そう考えると、なかなかお得な仕事だったなあと思います。性格はそう簡単には変わらないので、これからも「応援団」的な役割を果たせる分野を探していきたいと思います。

第三章

福祉の世界で働くあなたへ

これからの福祉を考える

福祉におけるプロの定義

今中――福祉のプロとは一言でいえば「気配りができる人」じゃないでしょうか。インカーブのアーティスト（利用者）のように知的障がいのある方や、精神や身体に障がいのある方は、それぞれに生活で困りごとを持っている。まず、それを慮ることが必要です。

また、社会福祉は、個人で行う仕事ではありません。そもそも「福祉」とは、主体的に人間らしい幸福を追求する権利の基礎で、その努力です。「社会福祉」とは、その福祉を実現するための社会的な対応といえます。社会は多様な人が絡み合って構成されています。だから、社会福祉の仕事は、チームで行う必要があるのです。一人でコンピュータに向かうような仕事ではありませんし、スキルやＩＱが高いからといって務まるものでもありません。まず、「チームが組める人」でなくてはならない。そういった意味では、デザインのプロと近いんです。アートは一人でできますが、デザインは一人ではできませんから。社会福祉で働く人もデザイナーも、能力的には近いものを持っていなければならないと思います。

村木――私はこれまで仕事で障がい者支援や、介護、児童福祉、困窮者支援に関わってきました。そこでよく使われる表現として、「寄り添う」という言葉があります。抽象的ですが、何のために寄り添うのかというと、今中さんのおっしゃる「気配り」のためじゃないかと思うんです。実際に仕事をしてみて特に印象的だったのは、そう簡単には解決できない問題を抱えている人が多いということ。支援をするといっても、例えば障がい自体がなくなるわけではないじゃないですか。だから社会福祉に携わる人は、当事者が問題を抱えたまま、もしくは問題をある程度解決しながら、より幸せになるのを手伝う人なのだと思います。

とはいえ、なにを「幸せ」と考えるかは難しい。私は、ある人に、社会に適応できるようになっても、本人はちっとも幸せに感じていないことがあると言われ、はっとしました。それで支援は成功していると言えるのか。あるいは逆に、本人は幸せだと感じていても社会に適応できないならそこに公的なお金を使っていいのか。福祉の目的ってなんなんでしょう。今中さんは、側で何をすることが一番大切だと思いますか？

今中――「障がいとは」「生きるとは」といったことについて、ずっと考え続けられることだと思います。そのためには、長く一緒に居続けることがとても重要です。短期間だけなら誰にでもできる。利用者も、五年、一〇年経てば初めて会ったときとは違う人になっていきます。

今は非常勤や派遣など、働き方や労働時間のバリエーションがたくさんあります。それは、働かせる側と働く側が優先させた時間配分だともいえる。ただ、社会福祉に関していえば、半年や一年程度、利用者と付き合ったからといってわかるものではありません。

村木――そうですね。簡単に答えの出ないことだからこそ、それを考え続けられることが大事。

今中――それに、一口に社会福祉と言っても、政治、経済、宗教、哲学など様々な領域が接続しています。利用者の困っている内容は多様ですから、いろいろな分野に通じていなくては、社会福祉のプロとは呼べません。

インカーブの活動などで、大学教授や研究者にアドバイスを求めると、「これは私の研究分野ではない」と断られることがあります。でもプロである以上は、専門外のことも自分の知識をもって答えられてしかるべきです。専門分野だけがわかっていても、社会福祉のような広がりのある困りごとに対して提言できるわけではない。

村木――利用者のよりよい生活のために何が必要か、どこへ行けばそのサポートが手に入るかといった情報を入手することも、ずっと側で見ている人の役割ですね。

どうして資格は必要か

村木――プロである社会福祉士さんと、親や家族はどう違いますか？　親は我が子を一番理解し、一番長く一緒にいる存在でもありますよね。

今中――一番大きいのは「待つこと」ができるかどうか、ではないでしょうか。私たちにとって利用者は自分の子どもではありません。彼ら／彼女らに一時的な気分の浮き沈みがあっても、長い目で冷静に受け止められます。親にとっては他人事ではないので、そんなふうにはできません。時には過剰に口を出したり手を出したりしてしまう。

村木――突き放す可能性もありますか？

今中――「突き放す」ことはありませんが、そう見せかけることはあります。依存しすぎた関係は「待つこと」を許さない。お互いがせっかちになれば共倒れするかもしれません。

村木――最近、保育士不足の問題について議論すると、「必ずしも資格はいらないんじゃないか」という意見が必ず出てきます。「子育て経験がある人を連れてくればいい」「若い保育士と、子どもを五人育てたお母さんとどっちがいい保育士になれるか」とか。私も育児中は保育ママさんにお世話になったこともあるから、その話はよくわかります。でも、「保育士さんがやっていること」と「親がやっていること」は違います。「子どもの集団、すなわち社会の中にいる子ども」と「家にいる子ども」は違うし、「たくさんの子どもの関係を調整しながらすべての子どもの成長を促すこと」と「自分の子どもをひたすら見つめその成長に関わること」は同じではありません。今はまだその点について理論的に整理して、「資格なんかいらない」という議論に対抗することはできていない。保育や介護の現場では本当によく聞く話です。福祉にとって、資格が必要な専門性はあると思いますか?

今中——私はスタッフ全員に、国家資格の社会福祉士と学芸員を取得するように言っています。ハードルの低い資格ではありませんが、大半の者が取得済みです。まだ取得していない者は、働きながら学校に通い、勉強をしています。資格は、基礎的な専門用語を身につけるために必要だと思います。だからといって、応用が効くものではありません。例えば、野球だったらキャッチボールは基本ですが、それでストライクが取れるものではない。でも、キャッチボールができないとグラウンドには立てません。私の右腕としてインカーブを支える神谷梢は、アーティストへの敬意の表明として資格を捉えています。「アーティストが生み出すものは美術作品として取り扱われるべきものであり、保管や展示をするためにも専門的な知識が必要。アーティストには知的障がいがあるということも事実であり、彼らの心と体のケアに力を注ぎ、福祉を取り巻く情勢に目を凝らすことも怠らない。アートと社会福祉の両輪をバランスよく走らせるために、この二つの資格を、基本的な素養として身につけておきたい」と話します。

村木――なるほど。「気配りができる」というのは、個々人のキャラクターとか、先天的なものかもしれないけれど、それと同時にキャッチボールの仕方、つまり投げ方・受け方といった基礎的なスキルを学ぶことの両方が必要ということですね。

今中——そう思います。哲学者のドナルド・ショーンの『専門家の知恵　反省的実践家は行為しながら考える』という本で、「メジャーな専門職」と「マイナーな専門職」という考え方が提示されています。そこで言うメジャーな専門職とは弁護士や医者など。基礎的な科学、応用技術に裏打ちされた専門職と考えられています。一方、マイナーな専門職とは介護士や教師など。これらは、非常に複雑なことを日々こなすけれど、科学的な根拠がない仕事です。

食事の介護をするような仕事は、マイナーな専門職と呼ばれるけれど、ショーンはむしろ「行為のなかの省察」、つまり体を動かしながら反省し考えるのが、これからの専門職だと言いました。それは、アカデミックなものに対するアンチテーゼでもありました。いい大学を出ればプロフェッショナルになれて、学歴が低ければなれないのか？　そうではないだろう、と。でも現在、日本で社会福祉のプロというと、世の中的には価値の低いものだと思われています。いまだにマイナーな専門職とすら呼ばれていません。

「自分たちの問題」と思えるかどうか

村木――私は法政大学の西川真規子さんが書いた『ケアワーク　支える力をどう育むか』という本が参考になりました。やはりドナルド・ショーンの考え方をベースにしているようです。私なりに先生の考え方を整理すると、ケアワークとは、社会の一員として生きていくうえで自分自身では解決できない心身上の課題を、対象者に寄り添い、ともに見出し、解決（改善）し、その結果を見守ることで、対象者が自分らしく生きていくことを支援していくことです。家庭でのケアワークも職業としてのケアワークも、いずれも複雑な情報収集と判断を伴う仕事であり、高度な知識とスキルが必要です。そして、職業としてのケアワークは実践の中から、「知識の開発・蓄積・体系化」を担います。この高められた知識が家庭でのケアワークや社会全体のケアワークの質を高めるのだと。西川先生の説のひとつの大事なポイントは、家庭でのケアワークも高度な労働だということだと思います。でも、多くは主婦の無償労働で賄われていたので、なかなか、高い給料を払うべきだと思ってもらえないということです。そして、仕事としてのケアワークはさらに高度な仕事ですよね。でも、まだ、世の中の評価はそこまで高くない。

今中――ある大学教授と「なぜ、社会福祉はプロの仕事として認められないのか？」ということを議論したことがあります。たどり着いた答えは、「生活に困っている人」たちを対象にしているからではないか、というものでした。社会福祉が対象とする利用者は、お金持ちでもないし権力者でもない。世の中からこぼれ落ちそうな人やこぼれ落ちた人たちを対象にするのが社会福祉です。けっして華やかな世界ではないし、当事者以外の関心も集まりにくい。また、そもそも子育てや介護は、主婦が無償労働で行ってきたこと。プロではなく、アマチュアでもできるはずという観念が根強くあります。給与が安いからというのも大きな一因だとは思いますが。

村木――給与問題について、まず最初に議論になったのは介護職ではないでしょうか。介護保険制度があるからということもありますが、ほとんど全ての人がいずれ世話になるからでしょうね。だから社会的インパクトが強かった。お金持ちも、権力者も関係ない。自分の問題だと思った。一方で、障がい者福祉は多くの人たちが自分たちの問題と思ってないから議論にあがらないのかもしれません。

今中——そうでない人にとって、自分が障がい者になる、というイメージは持ちにくい。不慮の死を除くと、お空に還る前の数ヶ月間は、誰もが障がい者になるのですが。

それだけでなく、障がい者はパイ（人数）が少ない、という事情もあります。女性や男性の問題でも経済問題でもなく、マイノリティである障がい者の問題に多額のお金をつぎ込み、専門職を育成すべきという意見になかなか賛同は得られない。また、専門職を輩出しても働く場所の選択肢が多いわけではない。くわえていうなら、障がいのある国会議員が少ないことも要因です。以前、野田聖子衆議院議員は、「女性議員が少ないから自治社会を反映できない」という主旨のコメントをされていました。男女比率に合わせて議員を揃えるべきだというのです。今年

（二〇一九年）七月の参院選で、ＡＬＳ患者と重度身体障がい者の方が当選されました。しかし、まだ障がい者は女性以上に「自治社会を反映」できていない。有名私大の中には、その大学のブランドが欲しいがために、滑り止めとして福祉学部を受験する学生も多く、社会福祉業界に就職するのは、学部の五パーセント程度だと聞いてびっくりしました。

村木――私の娘は、大学で福祉を専攻しました。娘は児童問題を勉強したかったのですが、授業のベースになっているのは高齢者福祉だと感じたそうです。異なっているのは科目の名前だけで、内容はほとんど同じ。いい大学だったのですが、それでも障がい者や児童関係はパイが小さいし、大きな財源がいかないから、学ぶ規模も小さくなりますね。

今中――他人事に思われがちな障がい者福祉は、国民の興味も薄いように感じます。日常的な仕事に対して批判も賞賛もあまりない。それでは、事業も研究も研ぎ澄まされていかない。事業者だけでなく利用者のご家族にも「平均的であれば良し」という感覚があるように思いますね。一方で、選択の時代だと言われて久しいのに、現実は選べるほど差異化が進んでいません。今より事業のクオリティを上げるには、もっと市場に解放していかなくては。営利第一主義の事業者もいますが、選択肢を増やすことで社会福祉法人は生き残りをかけてサービスのクオリティを上げるはずです。利用者やご家族も真剣にサービスを選択することになります。あたりまえのことですが切磋琢磨することで人もサービスも成長します。最終的にその利益は、利用者に還元されていくのですから。

村木——最近、虐待を受けていた子どもが亡くなった問題で児童相談所が叩かれましたよね。ああやってニュースになると目立ちますが、あれもとても小さな分野です。全国でも社会的養護の下で暮らしている子どもは四万数千人です。人口割でいえば、数倍あってもおかしくないとも言われています。辛い事件ですが、ああして注目されたことで、どう充実強化すべきかという議論を呼び起こせたことだけはよかったと思います。

離職率が高い理由

今中――インカーブもほかの福祉施設同様、スタッフの給料はそれほど高くないです。ただ、立ち上げてから一七年になりますが、ご家族の介護や転勤、お子さんが生まれて辞めるケースはあっても、スタッフの顔ぶれはほとんど同じです。公益財団法人介護労働安定センターの「平成二九年度『介護労働実態調査』の結果」によると、前職の介護職を辞めた理由の第一位は「職場の人間関係に問題があったため」だそうです。ちなみに第二位が「結婚・出産・妊娠・育児のため」。なかでも保育士の離職率は高く、「三年持てばいい」と聞いたことがあります。やはり、人間関係が要因だそうです。くわえて、担任や主任など責任のあるポジションを任せると辞めることも多い。社会福祉業界に入ってくる方々は、仕事が大変なことも、いわゆる3K職場であることもわかっています。入ってくる時点で、がんばろうという気持ちはある。とはいえ、そういう人でさえ辞めてしまうという現状はあります。

村木――それは業界自体を辞めてるんですか？　転職ですか？

今中――業界はそのままで別の事業所にうつる人が多いようですね。辞める人は「次は正規スタッフではなく派遣がいい」と言います。なぜなら、クラスを受け持たなくていい、職員会議に出なくていい、クレームを聞かなくていい、そして、休日は必ず休めるから。給料の安さが原因で辞める人は、昔より少なくなりましたが、煩雑な人間関係や、うっとうしい上司との接触を嫌う人が多いのだと思います。また、職場の大半が女性ということも要因かもしれません。男女の比率が半々なら少し違うのかも。

村木――ＩＢＭの社内調査によると、ＩＢＭに勤めるキャリアウーマンであっても、昇進したいと思う人の割合には男性と女性の間で大変な差があるそうです。一方で、昇進した、もしくは、昇進させられた後の女性の満足度やパフォーマンス自体はとても高いとか。出世したいかしたくないかの差には、やや生物学的、本能的な部分もあるのかもしれません。

しかし一方で、出世したいと思っている人がいい上司になるとは限らず、したくないと思っていた人の方がいい上司になる場合もあるそうです。

今中――なるほど。実際になってみないとわからないのが難しいところですね。

村木――職種に限らず、日本社会は仕事とプライベートのバランスがとても悪いですよね。人生を捧げるならば、福祉業界は非常に給料の安い仕事で、そうまでしてやる価値がないとされてしまう。家庭のことでも女性の負担が大きいですし、女性の方が結婚や出産など、辞めるタイミングもたくさんあります。夫に稼ぎがあって、妻の収入はそのプラスアルファ程度なら、給与は低くてもよいのかもしれません。でもそうでないのなら、よっぽど仕事に魅力があって、ゆとりもつくれて、という環境にならないとそんなに頑張れない。保育士や介護職が足りないという問題にきちんと向き合うなら、頑張りたくなる環境にするしかないと思います。でも、公務員的観点でみると、福祉業界の給与が上がることは社会保障の負担に直結するので、負担する人にも納得してもらわないと解決しませんね。

小さな視点と大きな視点

村木――介護職の方の辞める理由は人間関係と、その事業所のポリシーに共感できないこと。自分の親をこの施設に入れたいと思えれば、職員は辞めないといわれています。あとは女性が多いので、育児や介護で辞めていくことはあります。ひとつずつ解決方法が違います。みんながそのポリシーをいいと思い、人間関係がよく、育児介護に対して配慮ができている。この三点が揃っていれば辞める人が少ないという調査があります。

今中――うちは完璧ですね（笑）。

村木――インカーブもそうですし、若い経営者が運営する福祉施設の中には、若い人が面白がって集まってきて、採用に困っていないところもあります。以前、私の勤めている大学で、福祉の経営者である大原祐介さん、飯田大輔さんに来て話してもらいました。彼らの話は学生が聞いてもわかりやすく、面白い。世の中にどういった社会課題があるか、どうやってその課題にチャレンジするかを語れる人のところには若い人が集まり、いい人を採用できるのだと思いました。西川先生の言う「知識開発・蓄積・体系化」というプロの醍醐味があるのでしょう。

今中――ソーシャルワーク実践の対象は、ミクロ（小領域）、メゾ（中領域）、マクロ（大領域）の三つに分けられます。ミクロには、個人の生活問題や精神保健問題への支援、家族や小集団への介入や支援などが含まれます。メゾには、地域住民の組織化や支援、社会福祉機関の管理・運営などが。マクロには、自治体の調査、計画立案、実施と評価、国の政策立案、実施、評価、社会サービスの管理・運営などがあります。三つの領域は、相互関係があって、ソーシャルワーカーはこれらのいずれかに焦点を置きつつ、何らかの形で他の領域と接続して仕事をしています。

ところが、現場ではミクロだけをソーシャルワークと考えがちです。なぜなら、ミクロの仕事はお金がつくけど、メゾやマクロにはお金がつかないからです。経営者もスタッフもお金のつく仕事を優先します。食事、トイレ、話し相手、それだけが本来のソーシャルワークではないことを理解すべきです。メゾでいえば地域のことを考える。マクロだったら政策や政治に対して物申す。ロビー活動も立派なソーシャルワークです。ミクロはあくまで基本です。基本をないがしろにしてはいけませんが、視点をメゾ、マクロに上げていけば社会福祉全体を俯瞰することができます。自らの立ち位置と社会的な役目もはっきりしてくる。仕事の違った魅力も発見できるはずです。その上で、離職するかどうかを考えてもいい。

村木――意識の高い経営者は、対人サービス自体ではなく、サービスをする仕掛けをどう作るか、地域の社会資源をどう巻き込むか、政策をどう提言するかなど、思考にマクロ的な膨らみがあります。降りてくる税金の範囲内では、どうしても決められた仕事をやるだけになる。外部にも目を向けると、視野が広がるぶんだけ事業の広がりが生まれますし、資金源が広がります。例えばこれは国の制度で、これは自治体、これは一般の方にお金を出してもらおう、というように柔軟に考えられる。実際に、いま面白い事業をやっている人たちは、国からお金が出る事業だけをやろうという考えではありません。必要なことはやることにして、そのための金をどこから持ってくるかと考える。

今中――複雑なことを面白がれるかどうかですね。課題が多いぶん、考えること、悩むことも多い。それでも、もっと深掘りしたいと思う人にとっては、やりがいのある業界です。こんがらがった糸をほどいていく面白さがあります。

村木――キーワードは「面白い」なんですね。経営者だけでなく、一人ひとりのスタッフもそういうことを考えるべきでしょうか？

今中――まず経営者が考えを発信して、それに同意する人が集まってくるという順番でしょうね。そうはいっても、細かい違いはどうしても出てきます。私が面白いと感じても、スタッフが面白いと思うわけではありません。でも、大筋がずれていなければいいのです。瑣末なことは忘れるぐらいがちょうどいい。言いたいことは多々あっても、あえて腹に収めておくことがチームを安定的に率いるコツです。何でもかんでも議論して正解を出すことが正しいとは限りません。だましだまし、もいいものです。

お金の使い方は革新のエネルギー

村木――多くの福祉施設はクリエイティブな面白さよりも、ミクロの仕事に追われている現状があります。それをもっと魅力的な場所にするには、やはり財源が欲しいですね。

今中――そうですね。その財源をミクロ、メゾ、マクロの領域にどのような比率で分配するか。それがポイントだと思います。クリエイティブな社会福祉を実践するためには、メゾ、マクロへの比率を上げていかなくてはならない。

村木――それとあわせて、企業と同じように、間接部門を徹底的に削れているか、外の力を徹底的に使えているかを見直す経営努力が必要です。これからは技術の力を借りれば、すべて人がやらなくていい部分もあります。最近、二時間おきに自動で体位を交換してくれるベッドが発売されました。実験では、その際に寝ている人が目を覚ます確率は、人が動かすより圧倒的に機械の方が少なかったそうです。そういったことを徹底的にやっているかどうか。決まった報酬で決まった通りのことをやっていると、どうしても革新していくエネルギーが出ない。福祉のプロとしての仕事をコアとして残しながら、他の部分を切り分けていく力もいると思います。一般企業でも、ただ金をくれ、では成り立ちません。そこのところはまだ努力の余地があるのではないでしょうか。

今中――政府は、介護サービス事業所における勤続年数一〇年以上の介護福祉士等について、月額平均八万円相当の処遇改善を行うことを算定根拠に、公費一〇〇〇億円程度を投じることを決定しました。

このように政府も、介護スタッフのキャリアアップ支援や、より能力の高い人に安定的に長く働いてもらうための政策を始めています。産業界でも底辺とされる社会福祉業界の給与体系は今より下がることはないし、むしろ上がっていくでしょう。これからは、民間と同様に「できるスタッフ/できないスタッフ」の切り分けが進んでいきます。そこで問題なのは、何を「できる」と考えるか、です。対人サービスの優劣は数字で示せるものでも、対応時間の長短でもありません。

村木――福祉に携わる人全員分の給料を単純に一律に上げていくということは、なかなか難しいでしょうね。

しかし、プロがプロとして仕事をしているところにはお金をつけたい。そのためにも、経営者は一律何万円収入を上げるという発想ではなく、人を育てたり、機械ができることは機械に任せたり、ボランティアを入れたりと様々な努力をしてほしい。

今中――それは「平均的であれば良し」とする経営者にとっては、かなり大きな改革になるはずです。

村木――知的障がいの人たちがディズニーランドに行くのに同行するというサービスをある国の人に話したら、「それは恋人や友達のすることだよね?」と言われました。確かに、「福祉サービス」という枠組みだけでなく、障がいのある人が友達や家族、同僚、ご近所ともっと当たり前に一緒に行動できる環境を社会全体が創ることも重要ですね。

経営者は労働環境をどう整えるか

村木――給料の上げ方も、お金の使い道も工夫がいる。プロでやっていこうとする人が食べていけるようにしないと、福祉の人材は確保できないと思います。福祉業界で共働きをする夫婦がいたら、家族を持って普通に暮らせるところを最低ラインにしなければいけません。それには年収いくらあれば足りるでしょうか？

今中――どこに住んでいるかにもよりますが、児童のいる世帯で四五〇〜五〇〇万円くらいでしょうか？　今年の一〇月から幼稚園や認定こども園の教育費、保育園の保育料が補助される国の幼保無償化の制度もはじまります。教育費を少額に抑えて、共働きをするなら、暮らせない金額ではないように思います。

村木――今、児童のいる世帯の平均年収は七〇〇万円代のはずなんです。仮に八〇〇万円を目標とすれば、夫婦それぞれが四〇〇万円稼いでいればいいということですね。

今中——社会福祉の仕事で、年収四〇〇万円以上を稼ぐ方は限られてきますね。特にスケールメリットの無い小規模の施設では厳しい。

村木——五〇〇万円はすぐには難しいかもしれませんが、せめて三〇〇～四〇〇万円くらいはないと厳しいでしょう。スタッフ全体の年収をそのラインまで上げるためには、業界をどのような構造にするか、という大枠の問題があるかもしれませんね。

今中——インカーブのように、土地の取得費用や補助金以外の建設費用を借金でまかなうと毎年の返済が大変です。一七年目を迎えた今でも借金が残っていいます。とはいえ、低い天井で光が入らないようなマンションの一室では、今のようなアート活動は難しい。私をはじめアーティストやスタッフが集ったかどうかも疑問です。借金と引き換えに豊かな環境を手に入れ、素晴らしい作品が生まれた。世界に通用するアーティストも輩出できた。いずれにせよ、少ない予算なのでコストと効果のバランスは常に意識しています。

村木——長く続ければペイできるという面はありますか？

今中――それはありますが、そのうちに建物の大規模修繕が必要になります。なぜ社会福祉法人が資金を貯めるかというと、建物の老朽化対策なんです。一〇年もすれば設備も悪くなってくるし、お金をかけ続けなければならない。インカーブでは過剰なメンテナンスは諦めて、暑かったら窓を開ける！　雨漏りにはバケツで対応！　スタッフには「同じ鉄筋コンクリート造の軍艦島も世界遺産として残ってるんだからインカーブも大丈夫」と言っています（笑）。

村木――経営規模の問題もありますよね。どのくらい大きくすれば経営が楽になりますか？

今中――インカーブは二〇名定員です。スケールが小さいので事業収益は少ないですね。五〇名以上になれば利益率は高くなると思います。でも、五〇名のアーティストに目が届くのかというと、私の力では難しい。丁寧な毎日を送れる自信がありません。インカーブは、私の身の丈にあった規模だと思います。

スタッフの給料を増やそうと思ったら、新しい事業所を作るか、本事業に関連する横出しの事業をするしかありません。主となる正規スタッフの数を絞り込めば中企業で働く人並みに食べていけるはずです。一方で、日常業務の大半を担うスタッフは非常勤。そのような体制で利用者が安心した毎日を過ごせるかどうかは疑問です。その点うちのスタッフは、ほぼ正規スタッフなんです。

村木——それはどうしてですか？

今中——社会福祉の仕事で非常勤が大半を占めるのはよくないと思っているからです。スタッフの顔が毎日のように変わると利用者が落ち着かなくなります。私の理想は、ずっと同じ顔でずっと同じ釜の飯を食べること。スタッフを変えたくないならば、正規である必要があります。とはいえ、正規スタッフばかりだと社会保険料がかかりすぎて人件費は割高になります。そこで、建物の過剰なメンテナンスを行わずに、その分を人件費に回すようにしています。事業運営という意味では厳しいのですが。

村木——スタッフの給料を上げるには、現実的には事業所を大きくしていくしかないですか？

今中――政府が各事業所の事業内容を精査して、優れた事業を行う所に多くの事業費をつけることができれば話は別ですが、現状では、それしかないと思います。とはいうものの、同一法人でも複数の施設が同じ志でうまく回るかといえば、そうともいえない。施設が広範囲に点在すれば、どうしても経営者の目が行き届かない。よほどコアとなるスタッフと経営者の意思疎通ができないと難しいですね。それは民間企業も同じです。お給料を上げるために事業所を増やしたけど、人間関係が悪化して仕事の質が落ちるというケースもあります。都市部では多様な事業所があるので、同一法人で事業を抱え込む必要はありません。日中のアートやデザインの活動はインカーブで、住まいは別の事業所で、というように連携を取っていけばいい。その方が、より個性的な事業を負担なく展開できると思います。

結局、何をもって満足するかという問題ではないでしょうか。欲をかき過ぎると足元をすくわれます。仏教では、「もっと、もっと」という欲望を止めるために「少欲」と「知足」を説きました。「少欲」とはいまだ得られていないものを欲しがらないこと。「知足」とはすでに得られているもので満足するということです。つまり「足るを知る」ですね。欲をかき過ぎると苦悩が追いかけてきます。身の丈にあった事業を行い、苦悩の量を減らしていくことも大切です。

福祉的感覚と経営感覚のバランス

村木――なり手がいなければどんな施設も続きませんが、スタッフの満足度を上げて、生活も保証していこうと思ったら、どこかに解決策を見出さなければなりませんよね。他の分野だと、経営規模を大きくして、スタッフを責任者にしてあげるという方法が考えられます。その分野のサービス需要がある場合、一番多い解決策ですね。

今中――それは先ほども話にあがった「新しい事業所を持たせる」というパターンですね。責任者になるスタッフは、それなりの覚悟がいります。ただ、スタッフとしての能力と責任者としての能力は別物です。無理やりやらせたところで途中で続かなくなる。責任者に向く人と向かない人がいます。

村木——スタッフの人生設計もありますからね。日本の場合は高齢者福祉のウェイトが大きいので、福祉にかけるお金を増やせるかというと難しい。高齢化が進む時期を何とか耐えつつ、支え手を増やす、つまり、もっと女性や高齢者や障がい者が活躍できる社会を創る。さらには、将来の支え手である子どもの支援をしっかりやっていく。

そういうことをしっかりやりながら、福祉の仕事の質とか給与水準について議論できるようにしていきたい。そのために福祉サイドも、福祉の質を高める努力と経営努力を続け、また、それを納税者の人たちに納得してもらう「説明力」も磨いてほしい。

今中——私は、社会人一年生のころにバブル経済を経験しました。バブル経験者とそれ以降とでは、働き方の意識も大きく違いますね。

村木——例えば、社会福祉の関連分野で、税金が入ってこないサイドビジネスがあったとします。今中さんのやっていることとつながる仕事だとしたら、やりますか？

今中――うちのアーティストが軸であればやります。

村木――彼らが軸になって、非常に収益も多く、法人全体の収益が上がるならやりますか？

今中――やります。インカーブの場合、それは国内外のアートフェアへの出展です。ニューヨークやシンガポールのアートフェアにも出展経験があります。国内最大級の規模とクオリティを誇る「アートフェア東京」には七回連続で出展し、アーティストの作品を市場につなげています。社会福祉法人は、このようなハイクオリティな市場にもっとアクセスするべきだと思います。知り合いの法人や講演会などで「市場は恐がるものではなく、とてもフラットな場所ですよ」というのですが、まだまだ尻込みする人が多いですね。はじめから自分たちにはできないと思っている。現状では、障がい者とスタッフがつくる、いわゆる「授産製品」が「二足三文」の価格で「共感的消費者」に販売されています。共感的消費者とは障がい者のご家族、親戚、学校の先生、研究者、地域の人など限られた消費者です。その先の消費者を開拓することに積極的ではありません。開拓の必要性は感じていても、できない。その原因は、社会福祉の経営者、スタッフが市場に不慣れだということ。そして、市場は「弱肉強食」だと勘違いをしていることです。二宮尊徳は、「経済なき道徳は戯言であり、道徳なき経済は犯罪である」という言葉を残しています。市場が必要としているのは狡猾な弱肉強食だけではない道徳原理であり、福祉が必要としているのはお涙ちょうだいの経済原理ではない、ということです。

村木——「福祉」という枠組みや、公共のお金が流れてくるところだけしか見なければ見えないけれど、外側も見ていけばいろんな可能性がありますね。福祉の人はどこかで儲けてはいけないと思われていますが、本業の中でできることが他にもあれば、経営の幅を広げてもいいのだと思います。

今中——経営の幅を広げればいい、儲かればいいというものではなく、理にかなった広げ方ができるかどうかだと思います。ただ、社会福祉に頭からつま先まで浸かっている方は、その理の幅が狭いように感じます。新卒で福祉業界に入っていたら、アートフェアのような活動は受け入れられないのではないでしょうか。違う業界で働いた人や、社会福祉以外の学問領域で研究を重ねた人でないと立体的に物が見えないし、新しい活動も無謀なものに映る可能性は高い。第一章でもお話したように、一番ヶ瀬さんも社会福祉を立体的にみるために、建築家やジャーナリスト、映画監督などを巻き込んだのでしょう。

村木——福祉の専門性と経営の専門性は全然違いますから、最初から両方を併せ持つ人はやはりそう多くはないでしょうね。

今中——今の福祉業界は、離職率が高くて、人間関係が悪くて、かつ低収入で、パイの数が決まっている。この現状では、異業種の経営者が福祉マインドを持って事業を興すパターンが一番いいと思います。違う業界にいた人は柔軟だし、立体的に物を捉えるので、新しいものを作っていける気がします。実際に、異業種からの参入事例は増えていますよね？

村木——増えましたね。

今中——私の周囲にいる元異業種の人たちは、社会福祉に長く関わりたいという気持ちがあります。全体の景気が下がったことで、我欲が鎮まったのかもしれませんね。

技術の進歩で変化するケア

村木――福祉職で一番需要が高まっているのはやはり高齢者介護ですが、発達障がいに対する理解が拡がったこともあり、障がい者福祉の需要も相当増えていますね。

今中――特に子どもたちの需要が非常に増えています。義務教育段階の全児童生徒数は減少傾向にありますが、特別支援教育対象の児童生徒は増加しています。下校した子どもや引きこもりがちな子どもを対象とした放課後等デイサービスも全国的に増えました。ところが、大手シンクタンクから「放課後等デイサービスは、誰でも、簡単に、高額を稼げる」などのレクチャーを受けた民間企業が多数参入した結果、環境整備や活動内容を軽視する事業者も増えました。二〇一七年からは保育士など有資格者を置くことになりましたが、まだまだ問題点は多いですね。

村木――なるほど。一方で医学が発達して、命が助かる子どもは増えています。それだけでなく、予後もよくなりました。そのため医療的ケア児も増えていますね。例えば、頭も良く、自分でいろいろなことができるけれど、呼吸器をつけている子たちが、どうやって学校生活を送るかという問題も出てきます。ケアの中身も時代に応じて変わっていきます。今中さんは、重度心身障がい児の施設に行かれることはありますか？

今中――あります。

村木――重度心身障がい児の施設や病院には、二〇年前だとベッドに寝たきりで何もすることがないという状況の子が相当数いました。それが数年前に行ったときには、寝たきりの子がみんなタブレットを操作している。タブレットで勉強もできるし、絵も描けるし、ゲームもできます。できることもすごく増えているし、ケアの質も大きく変えることができるのです。

最近では、吉藤オリィさんという方が開発した「ＯＲＩＨＩＭＥ」というロボットがあります。自分の分身である「ＯＲＩＨＩＭＥ」を学校の教室に置いて、その目線で映像を見て、自分の声で話すこともできます。つまり、教室にロボットの形で出席して、発言するときにはロボットが手を挙げる。友達とこっそり雑談したりもできる。病室にいながら学校の授業に出席できるのです。

今中――それは画期的ですね。私も子どもの頃、入院生活が長かったので「ＯＲＩＨＩＭＥ」があれば世界が広がったと思います。寂しい長い夜も泣かずにすんだかも。

村木――動けない子、いろんな機器を装着している子、目しか動かない子、そういった子たちのための技術ができています。福祉のスタッフにとっても、目の前の子にどういう生活を保証できるか、いろいろな選択肢を考えることができます。一般校か、特別支援学校か、普通学級か、病室にいたまま授業を受けるのか。それを本人や親の希望と擦り合わせて、どう組み立てるかがプロの仕事です。できることが広がっていくのは面白いですね。障がいの重い人も、より豊かに暮らせるチャンスがでてきていると思います。

今中――確かに、豊かに暮らすための引き出しは多くなりました。だからこそ、これからはいろいろな引き出しを我々スタッフが知っているかどうかにかかっているんですよね。引き出しをいつ開けるのか、引き出しの中身をどのように組み合わせるのか。それがセンスです。

村木――本当にそう思います。道具ができただけではだめで、それをどう生活に組み込むかを考えなくてはなりません。そのためには知識、センスがいります。これは経験で補えるものでしょうか?

今中――そうですね。仕事って八割がたは経験だと思います。機会さえ与えられれば、ほとんどの人は身につけられるはず。あとの二割は「自分の力以外のもの」が影響しているように思います。私たちは、原因と結果をつなぐ「ご縁」次第で日々成長し、衰弱していきます。善縁もあれば悪縁もある。ご縁は、自分の力以外のものです。

村木――私の先輩が仕事を辞めるとき、後輩たちに贈った言葉があるんです。公務員にとって必要な能力がいくつかあるけれども、そのひとつが「企画力」だと彼は言いました。そして、その「企画力」は経験で補えると。それがとても印象に残っています。福祉業界に進む人が企画力を身につけるために、やっておくといいことはありますか？

今中——社会福祉以外にもう一つ、楽しみながら学べる分野を持つことでしょうか。経済でも哲学でも宗教でもいい。もう一つ、のめり込める分野があれば立体的に社会福祉を見ることができます。単眼より複眼です。本線で行き詰まった時に逃げ道にもなります。デザインだけやっていても、デザインが語れないのと同じです。

村木——私は公務員という狭い分野一本でしたが、働き出してからでも、少し違うことをやるだけで応用力が上がった経験があります。複数の視点や考え方を持つことは大切だと実感しました。

今中——建築の図面を書くときには、数種類の線を使いわけます。そのなかで一番多く使うのは補助線です。建築に求められる機能や要素が多くなればなるほど補助線が増え、図面は複雑になります。それを読むには体力以上に「耐力」がいるんです。

物事を考えるときも一緒で、福祉だけなら一本の単線だけど、経済や哲学、宗教などの社会福祉と隣接する補助線が増えていくと複雑になる。それを解読するには知力という耐力が必要です。その耐力も八割は経験で培われていくと思います。

下積みの時期をどう過ごすか

今中——同じようなタイプの仕事なら三回やればできるようになるというのが、私の持論です。そのような仕事が三年周期でまわってくるとして、九年もあれば一人前。少し余裕を持って一〇年くらい下積みすれば飯は食える。

村木——私は津田塾大学の授業を持って三年なので、あと七年くらいで一人前ですね（笑）。公務員の仕事は二年周期なので、同じことをずっとするのは難しいけれど、バラバラなことを四つ、五つやったときに、やっと線がつながる瞬間があります。自分がやり残した仕事を他の誰かが仕上げたり、自分が始めたときには馬鹿にされていた仕事が一〇年程経ってから政策になったりすることもよくある。

入庁一年目のときに、「定年延長を法律で決めたらいい」と言って馬鹿にされました。当時は五五歳定年が主流の時代で、一〇年後に法律で六〇歳定年が実現した。他には、労働時間短縮を悪戦苦闘しながら進めていたら、私が離れたあとに労働基準法の改正で週四八時間制だったのが四〇時間制になったということもありました。

今中――種をまいておいたら、あとで誰かが咲かせてくれることもあるんですね。

村木――そうなんです。私の仕事は、バトンを渡しながらリレーをしていくようなものでした。仕事の全体像が見えて、大きな仕事だからこそ部分的にしか携われないということが早めにわかれば、頑張りようがあります。

今中――全体像が見えないと、ステップアップのイメージも持てませんもんね。

村木――でも公務員も最近、若い人が辞めることが多いんです。いい大学を卒業して役所に入った子が、外資系コンサルなどに入社した同級生が短期間で一人前になっているのを見て、焦るパターンが多いようです。日本の官庁や伝統的な企業に入ると三年経ってもまだ下積みですから。最近はSNSなどで周りの状況がわかるようになって、焦りが加速するとも聞きました。

一〇年下積みで、今の若い人が本当についてくるのかどうかは考えものです。五年か、もしくは三年で責任のあるポジションにつかせてもらえるようにするなど、工夫が必要なのでしょう。

今中――私が乃村工藝社のデザイン部に配属されたとき、直属の上司であるルームチーフから社会人のイロハとデザインとは何かを教えていただきました。野球でいえば、グローブの持ち方、バットの構え方、スタンスの広さ。あらゆる基礎的なことは、その方がトレーニングしてくださいました。でも、数年経ったときに、そのやり方がとっても窮屈になったんです。「私はあなたのロボットではありません」というようなことを言って、その方のもとを離れました。いま思えば、なんて不義理なことをしてしまったのかと後悔しています。

三〇代になって配属された先のルームチーフは、必要以上に口出ししない方でした。自由にさせてもらえて、それからデザインの仕事が楽しくなりました。結局、退職するまでご一緒させていただきました。二〇代の下積みがあったから三〇代で仕事の面白さがわかった。下積みの一〇年は長いかもしれないけれど、私は必要だと思います。一〇〇〇本ノックは若いうちに受けたほうがいい。私がインカーブのスタッフたちに行っていることも同じようなことです。入社して一〇年は基礎的なトレーニングです。仕事を単独で任せることはしません。短期間で成果をあげられるほど社会福祉の仕事は甘くないからです。下積みが終わればようやく応用編。それからはセンス次第です。基礎が固まったからといって、応用が利くとは限りません。先ほどお話に出てきた、スタッフとして能力は高くても、責任者に向く／向かないがあるのと同じです。

村木――誰の下につくかによってパフォーマンスは変わりますね。私が一人目の子を出産する時に、ちょうど新人の男の子が自分の部下にいました。なかなか仕事ができなくてどうしたものかと思ったのですが、出産して三ヶ月くらい経った頃に職場復帰したら、その子がものすごく成長していたんです。私が彼の成長を妨げていたんだなと思って、とても反省しました。規制しているつもりはなかったし、厳しくしているつもりもなかったのですが……人を育てるってノウハウがいるんですね。

今中――子育てと一緒で、基本的には自分がしてもらったことしかできないんでしょうね。本を読んで学んだとしても、実際に体験したことしか子どもには返せない。

閉じながら外の世界へ開いていく

村木――これからの福祉業界にとって、「外とつながる」というのは重要なキーワードです。福祉のコアになっている公的な事業は人が生きていく上での「基本的なサービス」だけしかカバーできないことも多い。しかもそれをやっている限りは、スタッフの収入増が国民負担増に直結します。その中で、企業が一円でも多く稼ごうとするのと同じくらいの経営努力をしなければなりません。優れた経営者なら、外とつながることで自由に泳げる部分をつくることができる。

今中——外とつながるとアトリエ内が落ち着かなくなるのが難しいところです。利用者は基本的に生活に困りごとを持っている人たちです。精神的に不安定な部分もある。対して、外から来る人たちは、エネルギーに満ちている。そのエネルギーに圧倒されて、利用者が落ち着かなくなるので、「閉じながら開く」必要があります。インカーブでは、外との交流を閉じることもしばしば。外に開くのは、アートフェアのような場に限定しています。開くことで毒もいっぱい入ってきますが、外とつながらなければ空気が淀みます。でも、つながりすぎたらアーティストの心はざわつく。過剰な利益を確保するために開きたいなら株式会社としてやればいいのです。一方で、社会参加をするために過剰な開き方をする施設もあります。毎週のようにイベントを開いたり、バザーをしたり。一ヶ月間、休みなしというスタッフも珍しくない。「障がい者のことを知ってほしい、わかってほしい」という気持ちはわかります。けれども、スタッフの笑顔が消えるほど開く必要はありません。アーティストが生気のないスタッフとご飯を食べて、お喋りしたいかというとそうではない。

村木――利用者を守ることと経営を両立させるにはどうすればいいのでしょう？

今中――稼ぐ時間を短くすること、ですね。社会福祉事業のように一定の収入が確保できるなら外に開いて稼ぐ時間も少なくできます。極端な話、スタッフのクオリティが上がってくると定時ではなくアーティストが帰ると同時にインカーブを退社することも可能です。仕事量の多いときは集中し、少ないときは体力を温存する。「短く集中して精度を上げること」で長続きする利益確保とスタッフが納得する経営ができるように思います。

村木――なるほど。短期集中型ですね。

今中――もし、二ヶ月に一度アートフェアをやろうと思ったらできなくもない。年に六回、アートフェアに参加すれば多少なりとも収益は上がるはず。でも、そんなに詰め込めばスタッフは過度に疲労してアーティストへの慮りは低下します。それは、アーティストにとって一番不幸なことです。そのバランスが難しいのです。インカーブのアーティストは、知的障がいがあるので抗弁をたれる人が少ない。ゆえに私たちの「慮り力」が必要です。慮り力は「閉じる」ことで成熟していくはずです。

村木さんは、若草プロジェクトの場合はどうされていますか？

村木――若草も外とどうつなげるかが難しいプロジェクトです。「居場所」としてのハウスを作ったり、ＬＩＮＥ相談をする場合も、すべてにおいて情報の秘匿を最優先にせざるを得ません。研修事業なども、完全オープンにはしません。誰でも入れるのはシンポジウムだけ。そういう意味ではすごく閉じながら運営しています。でも、活動のことは社会には知ってもらいたい。どこまで広げ、どこで閉じるか、というバランスの中でやっています。

今中――民間企業にはこういった「閉じる」意識が限りなく少ないですね。私は二〇年近く企業で働いていたのでよくわかります。それに対して社会福祉は閉じなければならないことが非常に多い。閉じることで、利用者の言葉にできない呻きや如何ともしがたいジレンマを慮ることができるのだと思います。

村木――でも、原資を税金や社会保険料に求めるなら、本来みんなに知ってもらう必要があります。それをどれだけ上手に発信できるかが肝です。若草の場合、企業とのつながりもかなり大事にしていますが、CSRやSDGsに関心のある企業が増え、当初予想した以上に、話を聞いていただける機会が増えました。若草プロジェクトに関しては、一般の方にも、厳しい状況にある少女たちの現状や支援が必要なことを多くの方に知ってもらいたい。私個人としてもテレビには出たくないけど、発信はしたいというような葛藤もあります。これまで公務員は黒子が当たり前だったので、どうしても、抵抗がありますね。インカーブの場合は、マーケットにも発信していますね。誰にどう発信するかを選ぶのは難しいですね。

私は公務員でしたから、当時は「国民にどう発信するか」がテーマでした。どういうサービスであっても税金を使う以上はみんなに理解してもらわなくてはいけない。その割に、役所は広報が本当に下手。ここは大いに反省すべきところだと思います。

今中――社会福祉施設では、地域とのイベントに参加したり、施設同士の交流会が頻繁に行われていますが、インカーブでは一度もやったことがありません。見学会も年に一回だけです。見学者に対応するにはスタッフ二人が必要になります。見学会の日は、その二人と喋りたいアーティストを待たせることになる。税金や社会保険料を主財源として事業を行っている以上、地域に開く義務はもちろんありますが、経営者としては、アーティストの話し相手を半日奪ってしまうダメージやスタッフの労働過多を考えてしまいます。

でも面白いもので、閉じた方が興味を持つ人が多くなるんですよ。「なぜ、そんなに関わらないのか」と、興味が湧くようです。インカーブは、「アーティストのアトリエ」です。普通、自分の会社に他人が大勢で見学にくるなんてあり得ません。「人間動物園」とは違います。日常的にそんなことが起こると制作への集中力がそがれます。外の世界とつながるちょうどいい落としどころが、インターネットでの情報発信やアートフェアへの出展だと思っています。

これからの福祉に必要なこと

村木――若草の活動を始めたときにも「閉じながら開く」「開きながら閉じる」ことが必要だと思いました。これは今中さんに教えてもらった言葉ですよね。若草以外でも「寄り添いホットライン」などの相談業務や、DV被害者を対象にして活動をしている人たちは、「閉じる」ことの重要性をよくご存じです。ただ、閉じてしまうだけになると、支援や理解が広がらないということもあります。

若草プロジェクトの場合は、閉じていたいところは無理にこじあけず、そういうところを閉じたままちょっとだけ世の中につなぐお手伝いもしたいと思っています。若草はLINE相談やハウスの運営など直接支援する機能を持っていますが、それだけがメインではなく、支援活動をしているほかの施設と企業などをつなげることが大きな仕事の一つです。例えば、若草ではファーストリテーリングからユニクロの肌着を提供していただいて、約一二〇の団体・各施設に定期的に送っています。また、少女たちを招待して、プロの販売員の方々がTheoryというブランドを使って似合う洋服を選び、着こなしを学ぶといったファッションイベントも実施しています。支援施設と企業の間を取り持っているのです。

今中——それは、若草の活動理念に共鳴して支援してもらえるようになったのですか？

村木——そうです。もともと、ユニクロは「服のチカラ」というコンセプトで、海外の難民に衣料の支援を継続しています。話をしに行ったとき、「国内にも難民がいたんだ」と受け止めてくださいました。若草の活動と「服の力」のコンセプトがうまくマッチしたので、事業として取り組んでもらえたようです。医療・医薬品の分野でもいくつかの企業との連携が始まります。

今中——外に支援を求めるにしても、きちんと理念に賛同してくれる企業なり個人なりをみつけることは、プロジェクトやスタッフを守るためにも大事なことですね。

村木——今中さんは、これからどんな人にインカーブに入ってきてほしいですか？

今中――それこそ相性があるので、誰でも入ってほしいということではないです。正直、今がベストですね（笑）。社会福祉業界全体としては、「コノユビトマレ」と言える人に出て来てほしいです。コノユビを立てるとは、意図的に実践を企てることです。コノユビを立てれば、その目印に向かって多様な人々が集まってきます。でも、コノユビを立てることを強制してはいけません。そのときに立てられる人が立てればいい。ただ、誰かがコノユビを立てなければ希望は見つからないし、コノユビを立てそびれた人や、立てなかった人が集える場所は生まれません。

村木さんは若い人に公務員になることを勧めていますか？

村木――勧めています。自分がやってみて面白かったから。どうしても必要な仕事ですし、いい人にいてもらわなければいけない仕事です。

今中――村木さんの考える「いい人」は具体的にどんな人でしょう？

村木――公務員にとって大切なのは、「感性と企画力」、そして「説明力」。具体的には、社会には取り組まなければならない問題があることや、困っている人がいることを感じられる力と、その問題の解決策を考えられる力です。ただ、考える力はある程度経験で補えますから、やはり一番必要なものは「感性」すなわち「問題を発見する力」。もしくは、自分が発見できなくても、発見した人の声を聞き取れる力があればいいわけです。素直にいろんなものを受け止めて、形にすることができる人がいいです。

もうひとつ特徴的なのは、公務員は個性的である必要はないということ。主役は国民であって、公務員ではありません。多くの人が抱える問題を解決できる普遍的な仕組みを作ることが仕事なので、みんなが何に困っているか、この制度を作ったらどんなことが起こり、誰が困って誰が得するのかを想像する。それぞれが自分の利益を主張する中で、人の話をよく聞いて、よく説明でき、最後に調整できる能力が必要です。割と気が長くないと続かない仕事かもしれません。

今中――民間企業との大きな違いや魅力はありますか？

村木――例えば自動車会社の場合、各社がそれぞれの個性を主張した車をつくりますが、役所がつくるのは道路や交通標識ですから、個性が溢れていては困ります。社会共通のルールをつくるので、気長にそれぞれの主張を聞いて、折り合えるところを探す力がなくてはいけない。そして、形にするのが好きな人でないと務まりませんね。反対に、破壊は求められていません。

今中——破壊が好きな私は公務員にはなれませんね（笑）。

村木——仕事の性質上、あまり個性的な人は困ります（笑）。でも一番良くないのは批判だけしている人ですね。制度が何もなくても、現場に行って、自ら動く人を尊敬します。その人を追いかけて制度をつくるのが一番楽しいんですよ。

私も今中さん側には行けませんけれど、そもそも公務員二人だったらこの本は生まれていないですから。福祉の業界にもそれぞれの個性を生かした働き方がもっと広まっていくといいですね。

「制度にない」を「制度にする」に

村木厚子

福祉とは何か、そんな問いに今中さんは躊躇なく「気配り」ができることと答えてくれました。「気配り」という言葉は、「プロがやる仕事」としてはどこか控えめな感じがする言葉です。でも、そこに福祉の神髄を感じました。何千人ものホームレスの方々を支援して、地域での定着を実現してこられた奥田知志さんは、こんなふうに言われました。「僕たちに、問題解決などできない。できることはそばにいて寄り添い続けることだけだ」。

福祉とは、そばにいて、その人のニーズ、顕在化していないニーズまで見極め、それを満たすことをそのつど手助けし、その人がその人らしく生きていくことを手助けし続けることのようです。この本のいう「かっこいい福祉」とは、そこを目指し、常に試行錯誤し続けることだと思います。

そういう意味で、福祉に携わる人に目指してほしいことが二つあります。一つは、制度にないサービスを生みだしてほしいということです。本人に寄り添って、ニーズを満たそうと思えば、それを満たす制度はないということがよくあります。今当たり前のようにある公的な福祉サービスの中には、スタートの時は制度がなく、「制度外のサービス」とか、「ルール違反のサービス」などと位置づけられていたものがたくさんあります。必要なサービスは「現場」でしか生まれないのです。だから「制度にないからやらない」と現場が言ってしまったとたんに、福祉の進歩は止まります。制度にないサービスを生みだしてほしいのです。そしてそれを制度にすべく、声を上げてほしいのです。私は、こんな風に教わりました。0を1にするのは現場の仕事、必要に気づいて最初に対応するサービスを生みだす。1を10にするのは学者の仕事。新しく生まれたサービスの理論武装をする。10を50にするのは企業の仕事。ニーズに応えて、ペイする範囲でサービスを供給する。50を100にするのは行政の仕事。もし、本当に必要なサービスならばペイしなくても、誰もが使えるよう制度化する。0を1にする人がいなければ、何も生まれません。

二つ目は、つながってほしいということです。本人のニーズに寄り添ったとき、必要なことはありとあらゆる分野、例えば、就労、教育、医療、文化、科学技術などにも及ぶでしょう。ここで「そこは自分の専門じゃないから」と言わないでほしいのです。全部のプロになれとは言いませんし、それは不可能です。しかし、「寄り添う」人がニーズを把握し、それを必要な分野の専門家に「つなぐ」人になれば、ご本人の人生は格段に豊かになるに違いありません。「つなぐ」人になるために、福祉の人には日ごろから広い分野の人とつながっていてほしいと思います。

iPS細胞の研究は日本の科学技術の最先端を行く技術です。その研究に携わり、網膜再生医療の第一人者である理化学研究所の高橋政代博士は、神戸アイセンターの設立に尽力されました。どんなに医療技術が進歩しても、それだけではだめで、患者さんができるだけ不自由のない生活を営め、社会で活躍できるよう、リハビリや福祉、就労、社会復帰につながる情報をワンストップで提供したいと思ったのだそうです。私は、それを聞いて、本人に寄り添い、必要な情報やサービスを手繰りよせる福祉の力の重要性を改めて感じました。

「かっこいい福祉」は簡単には実現できない。だからこそ、それを目指している人は、みんな面白い。今中さんもそういう面白い人の一人です。私は、今中さんは金平糖だと思っています。それは、ちいさ〜いとか、あま〜いとかいう意味ではありません。金平糖の作り方をご存じでしょうか。金平糖は、回転する大きな鉄の球体の窯に、小さな核になる材料を入れ、そこに糖蜜を振りかけて、火であぶりながら窯を回転させます。乾いたら、また糖蜜を振りかけ、窯を回転させながらあぶっていくのです。こうやって長い時間をかけて、窯の中でガラガラと転がすことで、だんだんとあの金平糖の角が育っていきます。こうした作業を二週間も続けるのだそうです。金平糖作りの映像を見たとき、私は笑ってしまいました。球体の窯の中で転がされたら、普通は角が取れるだろうに、反対に角が大きく育っていくなんて、と。そして、「今中さんにピッタリ」と思ったのです。たくさんの経験、苦労を重ねながら、丸くならず、どんどん尖がっていく、これはまれな存在です。尖がり過ぎないように見てくれているのがインカーブでの相棒、神谷梢さんと、家庭での相棒である奥さま由未子さんと愛娘のさくらちゃん。世の中、よくできているなあと思います。角のない私は、角のある今中さんにとても憧れます。「福祉」がつないでくれた出会いに感謝です。

「わかりあえない」から始まる福祉

今中博之

社会福祉の現場には、誰にも背負いきれない苦しみがあちこちにあります。唸ってばかりで少しも前に進まない。起こり得ない奇跡を願うほかないようなものもある。私たち（援助者）は、如何ともしがたい毎日のなかで、自らの無力感を残酷なまでに味わうことがあります。

親身になって本人を援助しているつもりが過剰なお節介だったり、慮って適度な距離をとったつもりが薄情にうつったり。それでも、懲りずに何かできることはないか、打つ手はないかと自問し、知恵を絞って右往左往しています。いつしか感情や欲求に流され涙を流し、怒りをあらわにしている。それが社会福祉の現場です。

私たちは、理性や知性、分別（以下、理知分別）で「完成された社会」を作ることができると教えられ、信じてきたのではないでしょうか。しかし、理知分別であればあるほど、物事がクリアに見えてくるというものではなく、かえって補助線が増えてますます世界は複雑に見えます。頭のいい人間だから世界全体を正しく把握できるとは限りません。専門家も間違えます。なぜなら、専門家は「専門しか知らない」からです。

人間は非常に複雑でややこしい存在であり、誤ることも多い。その人間によって構成されている社会もまた、複雑でややこしく、誤ったことばかり。人間と社会をあつかう社会福祉は、複雑極まりない領域です。パーフェクトな正解なんてありません。

誤りを抱えた私たちは、たえず暫定的で、正解を出せないまま進んでいくしかない。その認識に立った上で、誤りをなんとかやりくりしながら生きているのです。けっして、私は理知分別を頭から否定しているわけではありません。ただ、頼り切ることに自信がないのです。

インカーブをスタートさせた頃から、私は仏教を大切にしてきました。なかでも「すべての物や事は、自然もふくめて常に動き移っている」という「無常」の教えに救われました。常は無い。だから「私」や「環境」には実態がありません。「実態とは何か」と考えること自体「私」と「環境」を理知分別によってコントロールできるという欲望に支配され、苦しみにつながっていると考えるのです。「揺るがない絶対的な私はない」ことに気づかなければ「私」と「環境」を引き受けることができない。それが仏教の本質です。古い仏典には「私」は、五蘊《ごうん》(色・受・想・行・識)と呼ばれる五つの要素に依っているとあり、その配合を決めるのが「ご縁」だと教えてくれます。「私」も「環境」も日々刻々と変化し、如何ともしがたい苦しみも、飛び上がりたくなる喜びも、常は無いと考えるのです。

一五年以上お付き合いのある村木さんとのご縁がさらに深まったのは、あの冤罪事件でした。「絶対に負けない」という強い意思を感じる反面、「揺るがない絶対的な私はない」という諦観も感じました。釈放されてからお目にかかった時に「毎日、気持ちが振り子のようでした」とお話されていたことを思い出します。

今回の対談は一五時間をゆうに超えたのですが、最後は、二人して「もっと話せるね」と笑いあいました。村木さんは、「一度に、こんなに長くお話した男性はうちの夫しかいないかも」と言い、私も「うちの嫁さんしかいないかも」とかえしました。村木さんを一言でいえば「水」。「水は万物を助け育てながらも、過剰な自己主張をせずに、低きへ流れる」と老子は教えてくれます。水のような村木さんは私の憧れです。

でも、これだけ話しても話が尽きないというのは、結局、わかりあえないということだと思います。もちろん悪い意味ではなくて、です。人の細胞や血液は毎日つねに入れ替わっています。来年、「かっこいい福祉」というテーマでお話をしても、お互いの感じ方も違ってくる。時間によって、環境によって、すべて状況が違うわけですから、わかりあえなくて当たり前です。わかりあえたら、関係は終わってしまうともいえる。

結局、私にとって「かっこいい」とは、クールやスマートではなく、わかりあえないと認めることだったように思います。認めるためには、たくさんの時間が必要です。私の優しさとあなたの優しさは違うってことや、私の怒りとあなたの怒りも違うってこと。共感ができなくても理解できるまで話す、聞く。ながい時間のなかでわかりあえないことがわかるようになってきます。そうして紡がれた幸せを「かっこいい福祉」、その企てを「かっこいい社会福祉」というのだと思います。

今回の企画は、NPO法人東京自由大学の今井章博さんによるものです。エッジの効いた本を出版し続ける左右社の小柳学さんに引き合わせていただきました。実務では、左右社の筒井菜央さんが対談を絞り込み、二人の違いを引き出してくださいました。長時間に及ぶ対談に辛抱強くお付き合いいただき、誠にありがとうございました。

そして、いつも私の車椅子を押して対談に付き合ってくれたインカーブの神谷梢。彼女に出会って二〇年が経とうとしています。それでも「もっと話せるね」という関係は宝物です。ありがとう。今回もほとんどの執筆作業を自宅の居間で行いました。小さな書斎風の場所もあるのですが、結局、妻の由未子と娘のさくらの隣で書いていました。おもちゃが頭上を通過しようが、目の前でさくらが踊ろうが、二人と一緒が落ち着くようです。さくらが大きくなったら村木さんのことをもっと知ってほしい。水のようにしなやかで低きへ流れる、そんな人になってほしいと思います。

著者略歴

村木厚子（むらき・あつこ）

1955年高知県生まれ。土佐高校、高知大学卒業。78年労働省（現厚生労働省）入省。女性政策、障がい者政策、働き方改革や子ども政策などに携わる。郵便不正事件で有印公文書偽造等の罪に問われ、逮捕・起訴されるも、2010年無罪が確定、復職。2013年から15年まで厚生労働事務次官を務め退官。現在は、津田塾大学や社会事業大学専門職大学院で客員教授を務めるほか、伊藤忠商事(株)、SOMPOホールディングス(株)および住友化学(株)の社外取締役を務める。また、累犯障がい者を支援する「共生社会を創る愛の基金」の顧問や、生きづらさを抱える少女・若年女性を支援する「若草プロジェクト」の代表呼びかけ人として、NPO活動に携わるとともに、住宅確保に困難を抱える者のための居住支援や農福連携の普及に携わっている。著書に、『日本型組織の病を考える』（角川新書）『あきらめない』（日経BP）などがある。
若草プロジェクト http://wakakusa.jp.net/

今中博之（いまなか・ひろし）

1963年京都市生まれ。ソーシャルデザイナー。社会福祉法人 素王会 理事長。アトリエ インカーブ クリエイティブディレクター。公益財団法人東京オリンピック・パラリンピック競技大会組織委員会：文化・教育委員会委員、エンブレム委員会委員等。厚生労働省・文化庁：障害者の芸術文化振興に関する懇談会構成員、障害者文化芸術活動推進有識者会議構成員等。イマナカデザイン一級建築士事務所代表。金沢美術工芸大学非常勤講師。偽性アコンドロプラージア（先天性両下肢障がい）。1986年〜2003年、(株)乃村工藝社デザイン部在籍。2002年に社会福祉法人 素王会 アトリエ インカーブを設立。知的に障がいのあるアーティストの作品を国内外に発信する。ソーシャルデザインにかかわる講演多数。グッドデザイン賞（Gマーク・ユニバーサルデザイン部門）、ディスプレイデザインアソシエイション（DDA）奨励賞、ウィンドーデザイン通産大臣賞など受賞多数。著書に『社会を希望で満たす働きかた——ソーシャルデザインという仕事』（朝日新聞出版）『観点変更——なぜ、アトリエ インカーブは生まれたか』（創元社）など。
アトリエ インカーブ http://incurve.jp

かっこいい福祉

2019年8月31日　　第1刷発行

著　者　村木厚子　今中博之
発行者　小柳学
編集協力　今井章博
発行所　株式会社左右社
東京都渋谷区渋谷2-7-6-502
TEL　03-3486-6583
FAX　03-3486-6584
http://www.sayusha.com

装　幀　松田行正＋杉本聖士
写　真　新田桂一（ota office）
印刷所　創栄図書印刷株式会社

 ISBN978-4-86528-246-7